Wolfgang Tietze/Käthe-Maria Schuster/Hans-Günther Roßbach

Kindergarten-Einschätz-Skala (KES)

Wolfgang Tietze
Käthe-Maria Schuster
Hans-Günther Roßbach

Kindergarten-Einschätz-Skala (KES)

Deutsche Fassung der
Early Childhood Environment Rating Scale
von Thelma Harms & Richard M. Clifford

Luchterhand

Die Deutsche Bibliothek – CIP-Einheitsaufnahme

Tietze, Wolfgang:
Kindergarten-Einschätz-Skala : (KES) ; deutsche Fassung der Early
childhood environment rating scale von Thelma Harms & Richard M.
Clifford / Wolfgang Tietze ; Käthe-Maria Schuster ; Hans-Günther
Roßbach. - Neuwied ; Kriftel ; Berlin : Luchterhand, 1997
ISBN 3-472-02717-7

Satz: Michael Bromba
Titelbild: Beate Wellner
Druck, Bindung: H. Heenemann GmbH & Co, Berlin
Printed in Germany, August 1997

♾ Gedruckt auf säurefreiem, alterungsbeständigem und chlorfreiem Papier

Inhaltsverzeichnis   **Seite**

1.	Einleitung	6
2.	Qualität und Qualitätsbeurteilung	6
3.	Nutzungsmöglichkeiten der KES	10
4.	Prozeßqualität nach der KES	11
5.	Aufbau der KES	12
6.	Items der KES	15
7.	Anwendung der KES	48
8.	Auswertung der KES	51
9.	Technische Qualität der KES	53

Literaturverzeichnis	60

Anhang:

KES-Bewertungsbogen

KES-Auswertungsblatt

KES-Profil

1. Einleitung

Mit der Kindergarten-Einschätz-Skala (KES), einer deutschen Adaption der Early Childhood Environment Rating Scale (ECERS) von Harms & Clifford (1980), steht erstmals im deutschen Sprachraum ein nach wissenschaftlichen Kriterien entwickeltes Instrument zur Verfügung, mit dem die globale pädagogische Prozeßqualität in Kindergartengruppen für Kinder von 3 bis 6 Jahren festgestellt werden kann.

Die KES ist so beschaffen, daß sie nach einem entsprechenden Training von verschiedenen Nutzern, Erzieherinnen und Leiterinnen in Kindergärten, Fachberaterinnen, Fachkräften in der Aus- und Fortbildung wie auch Wissenschaftlern, für ihre jeweiligen Zwecke eingesetzt werden kann. Auf der Grundlage einer mehrstündigen Beobachtung in einer Kindergartengruppe liefert die KES einen Gesamtwert für die globale Prozeßqualität. Sie ermöglicht aber auch differentielle Einblicke in verschiedene Einzelaspekte der Prozeßqualität. Als Meßinstrument dient sie zunächst der Feststellung einer gegebenen Prozeßqualität. Solche Feststellungen sind aber oft der erste (notwendige) Schritt, um auf dieser Grundlage Verbesserungen einzuleiten. Insofern versteht sich die KES auch als ein Hilfsmittel, die Qualität pädagogischer Prozesse in der Praxis zu sichern und zu verbessern.

Die Diskussion um die pädagogische Qualität in Tageseinrichtungen für Kinder ist in Deutschland noch recht jungen Datums und daher noch nicht systematisch entwickelt. Wir wollen daher im 2. Kapitel den Bezugsrahmen pädagogischer Qualität skizzieren, in dem die KES verortet werden kann, im 3. Kapitel wird ein Überblick über die verschiedenen Nutzungsmöglichkeiten der KES gegeben. Im 4. und 5. Kapitel werden das der KES zugrundeliegende pädagogische Konzept sowie die Items und ihre Bewertungsstufen dargestellt. Das 6. Kapitel enthält die eigentliche Skala einschließlich ergänzender Hinweise. Die Kapitel 7 und 8 beziehen sich auf die Durchführung und Auswertung der KES. Im 9. Kapitel werden dann die Gütekriterien der KES berichtet, schließlich finden sich in dem Literaturverzeichnis weiterführende Titel, die dem Leser zusätzliche Orientierungsmöglichkeiten eröffnen.

2. Qualität und Qualitätsbeurteilung

Vielfalt des Qualitätsbegriffs

Wer sich mit Fragen der Qualität in Kindergärten und Kindertagesstätten (wir gebrauchen die Begriffe synonym) befaßt, sieht sich einem schillernden Gegenstandsbereich gegenüber. In Abhängigkeit davon, *wer* die Frage nach der Qualität in einer Einrichtung stellt, können ganz unterschiedliche Qualitätsaspekte in den Gesichtskreis treten. Die Qualität eines Kindergartens mag sich aus der Sicht von *Eltern*, die aufgrund ihrer Erwerbstätigkeit auf eine lange Öffnungszeit für ihr Kind angewiesen sind, anders darstellen als für die dort tätigen *Erzieherinnen*, die einen Arbeitsplatz vorziehen dürften, der ihnen keinen Schichtdienst oder eigene familienunfreundliche Arbeitszeiten abverlangt. Ein *Träger*, dem es gelingt, die pädagogische Arbeit eng an seiner eigenen weltanschaulichen Ausrichtung zu orientieren, wird seine Einrichtung anders bewerten als Eltern mit anderen weltanschaulichen Ausrichtungen, die mangels einer realistischen Alternative auf die Nutzung dieser Einrichtung für ihr Kind angewiesen sind. Auch mögen die dort tätigen Erzieherinnen sich für eine qualitativ gute Arbeit eine weniger enge Anbindung an die Trägerinteressen und einen größeren Gestaltungsspielraum für die eigene pädagogische Arbeit wünschen. Wiederum andere Bewertungsmaßstäbe bezüglich der Qualität von Kindergärten dürften aus der Sicht des *Beschäftigungssystems* und seiner Vertreter im Zuge ihres Interesses an einer gut ausgebauten und kostengünstigen Infrastruktur für ihre Arbeitnehmer, die zugleich Eltern von jungen Kindern sind, zur Geltung kommen. Nicht zuletzt stellt sich im Sinne einer eigenständigen Perspektive die Frage nach der Qualität des Kindergartens aus der Sicht der betreuten *Kinder*, auch wenn diese ihr Interesse und ihre Bewertung aufgrund ihres geringen Alters kaum klar artikulieren können. Denn für sie handelt es sich um einen Lebensraum und einen Anregungsraum, in dem sie einen großen Teil ihres Tages mit Freude oder mit Unlust und Langeweile verbringen und von dem für ihre Entwicklung wichtige Impulse ausgehen oder auch solche unterbleiben.

Die Liste der hier skizzierten Perspektiven ließe sich zweifellos erweitern. In der neueren Literatur besteht dementsprechend weitgehend Einigkeit darüber, daß unter

Qualität der Einrichtungen ein mehrdimensionales und facettenreiches Gebilde zu verstehen ist (vgl. Belaguer, Mestres & Penn, 1992; Doherty, 1991; Katz, 1996; Moss & Pence, 1994; Tietze, 1994). Eine wie auch immer geartete Definition von Qualität des Kindergartens beinhaltet ganz bestimmte Interessen und Prioritäten und reflektiert Wertungen und Überzeugungen.

Allerdings kann u. E. die Konsequenz aus dieser Situation nicht ein alles überlagernder Relativismus sein, der angesichts konkurrierender Ziele und Interessengruppen sich keine Aussagen mehr über die Inhalte, Ziele und Wertigkeiten bestimmter Qualitätskriterien zutraut, sondern seine Fragestellung auf den formalen Prozeß der Festsetzung von Qualitätskriterien und somit darauf verlagert, durch wen und auf welche Weise es zu bestimmten Festsetzungen kommen mag (vgl. Moss, 1994). Wir gehen vielmehr davon aus, daß den Interessen und der Perspektive des Kindes und der an seiner Erziehung interessierten Eltern eine absolute Vorrangstellung unter den verschiedenen Sichtweisen zukommt. In Übereinstimmung mit Definitionen von "quality child care", wie sie von den nationalen Berufsverbänden der Erzieherinnen in den USA und in Kanada vorgenommen wurden (vgl. National Association for the Education of Young Children, 1991; Canadian Child Day Care Federation, 1991; Doherty, 1991), wollen wir dann von einem qualitativ guten Kindergarten sprechen, wenn dieser

- das körperliche, emotionale, soziale und intellektuelle Wohlbefinden und die Entwicklung der Kinder in diesen Bereichen fördert und
- die Familien in ihrer Betreuungs- und Erziehungsaufgabe unterstützt.

Diese Sichtweise stellt zweifellos eine gewisse Verengung des Blickwinkels dar, indem andere, durchaus auch berechtigte Sichtweisen, die von den verschiedenen gesellschaftlichen Interessengruppen auf den Kindergarten entwickelt werden, ausgeblendet werden. Allerdings gehen wir davon aus, daß dem Wohlbefinden und den Entwicklungschancen von Kindern in dem vielfältigen gesellschaftlichen Kräftespiel um die Qualitätsdefinition des Kindergartens Priorität zukommt. Wir bezeichnen diesen Aspekt von Qualität hier und im folgenden als *pädagogische*

Qualität. Kindergärten und andere Betreuungseinrichtungen für Kinder, die in einer perfekten Weise den Zielen bestimmter gesellschaftlicher Gruppen entsprechen, den Kindern aber keinen für ihr Wohlbefinden und ihre Entwicklung förderlichen Lebens- und Anregungsraum bieten, also unter dem Gesichtspunkt pädagogischer Qualität versagen, sind aus dieser Sicht nicht legitimierbar.

Bereiche pädagogischer Qualität

Auch unter dem verengenden Blickwinkel *pädagogischer Qualität* haben wir es mit einem komplexen Gebilde zu tun, bei dem mehrere Bereiche und Unterbereiche unterschieden werden können. Wir folgen hier einer Einteilung in drei Bereiche, die wir an anderer Stelle (Tietze et al., 1997) ausführlicher dargestellt haben:

- die Qualität pädagogischer Prozesse (Prozeßqualität)
- die Qualität pädagogischer Strukturen (Strukturqualität)
- die Qualität pädagogischer Orientierungen (Orientierungsqualität).

Pädagogische Prozeßqualität bezieht sich dabei auf das Gesamt der Interaktionen und Erfahrungen, die das Kind im Kindergarten mit seiner sozialen und räumlich-materialen Umwelt macht. In der Prozeßqualität spiegeln sich die dynamischen Aspekte des Kindergartenalltags, wie sie täglich erfahren werden. Zu einer angemessenen pädagogischen Prozeßqualität gehören u.a.

- eine Betreuung des Kindes und ein Umgang mit ihm, die seiner Sicherheit und Gesundheit verpflichtet sind,
- Interaktionen, die für entwicklungsmäßig angemessene Aktivitäten des Kindes sorgen,
- Interaktionen, die seine emotionale Sicherheit und sein Lernen unterstützen,
- ein räumlich-materiales Arrangement mit Anregungspotential für ein breites Spektrum an entwicklungsmäßig angemessenen Aktivitäten wie auch
- ein Einbezug der Familie des Kindes im Rahmen klarer Kommunikationsformen.

Diese pädagogischen Prozesse finden unter pädagogischen Strukturbedingungen statt, die im Regelfall in einer bestimmten Qualität vorgegeben sind. Unter *Strukturqualität* können somit situationsunabhängige, zeitlich stabile Rahmenbedingungen der Kindergartengruppe und des Kindergartens verstanden werden, innerhalb derer sich Prozeßqualität als dynamischer Aspekt pädagogischer Qualität vollzieht und von denen sie mit beeinflußt wird. Zu den Aspekten der Strukturqualität gehören u.a:

- die Gruppengröße
- der Erzieher-Kind-Schlüssel
- die Ausbildung und die berufliche Erfahrung des pädagogischen Personals
- der Raum wie auch andere Ausstattungsmerkmale, die den Kindern in der Einrichtung zur Verfügung stehen.

Die Merkmale der Strukturqualität unterscheiden sich von den Merkmalen der Prozeßqualität insbesondere darin, daß sie im Regelfall politisch geregelt werden bzw. regulierbar sind.

Pädagogische Orientierungsqualität bezieht sich auf die pädagogischen Vorstellungen, Werte und Überzeugungen der an den pädagogischen Prozessen beteiligten Erwachsenen. Hier geht es u.a. um

- die Auffassung der Erzieherinnen über pädagogische Qualität in den Einrichtungen,
- die Auffassungen der Erzieherinnen über die Aufgaben des Kindergartens (auch im Vergleich zur Familie),
- die Vorstellungen der Erzieherinnen über kindliche Entwicklung und darüber, wie diese unterstützt werden kann und um
- handlungsleitende Ziele und Normen.

Die verschiedenen Merkmale der Orientierungsqualität können ebenfalls als zeitlich relativ stabile und überdauernde Gebilde betrachtet werden, die - vergleichbar den Merkmalen der Strukturqualität - Rahmenbedingungen für das direkte pädagogische Handeln darstellen und damit die Prozeßqualität beeinflussen. Anders als die Strukturqualität ist die Orientierungsqualität jedoch *nicht* direkt politisch regulierbar.

Bei der Orientierungsqualität handelt es sich um mentale Gegebenheiten, die in lang andauernden Prozessen beruflicher Sozialisation erworben werden und in denen sich zugleich überindividuelle, kulturell verankerte Muster spiegeln.

Die hier unterschiedenen drei Qualitätsbereiche: Prozeß-, Struktur- und Orientierungsqualität hängen in der Wirklichkeit bis zu einem gewissen Grad zusammen. Von einer Erzieherin, die gute Kenntnisse über die Entwicklung von Kindern hat und in ihren professionellen Überzeugungen eher auf Unterstützung und Eigeninitiative als auf Kontrolle des Kindes setzt (Merkmale pädagogischer Orientierungsqualität), wird man auch im tatsächlichen Umgang mit dem Kind eher entwicklungsangemessene, auf die Individualität des Kindes und seine Bedürfnisse abgestellte Interaktionen (Prozeßqualität) annehmen können als von einer Erzieherin mit gegenteiligen pädagogischen Orientierungen. Ebenso lassen sich bei einer kleinen Gruppengröße und einem günstigen Erzieher-Kind-Schlüssel (Merkmale der Strukturqualität) einfühlsamere, auf das einzelne Kind und seine Förderung abgestellte Interaktionen (Prozeßqualität) erwarten, als dies bei ungünstigeren Strukturbedingungen der Fall ist.

Erfahrungen aus der Praxis wie auch zahlreiche wissenschaftliche Untersuchungen (vgl. Tietze et al., 1997) belegen solche Zusammenhänge. Sie belegen andererseits aber auch, daß die Zusammenhänge häufig nicht allzu eng sind. Keineswegs jedenfalls wird die Qualität pädagogischer Prozesse durch die pädagogischen Orientierungen und Strukturbedingungen *determiniert*. Auch bei demselben Erzieher-Kind-Schlüssel in zwei Kindergartengruppen kann die Qualität des Prozeßgeschehens jeweils ganz unterschiedlich ausfallen.

Notwendigkeit direkter Erfassung pädagogischer Prozeßqualität
Wer an der Feststellung der Qualität pädagogischer Prozesse in einer Kindergartengruppe interessiert ist muß die Prozesse selbst und nicht etwa ersatzweise nur die Strukturen untersuchen und zum Gegenstand einer Beurteilung machen. Den Prozessen kommt im Zusammenhang mit den beiden anderen Qualitätsbereichen, der Struktur- und Orientierungsqualität, insofern eine besondere Bedeutung zu, als wir es

hier mit der "Schnittstelle" zu den Kindern (und Eltern) zu tun haben: In der Prozeßqualität dokumentiert sich, wie mit den Kindern tatsächlich umgegangen wird, welche konkreten Erfahrungen sie machen, welche Anregungen und welche Unterstützung sie für ihr augenblickliches Wohlbefinden und ihre weitere Entwicklung erhalten.

Die meisten erfahrenen Praktiker wie auch externen Experten wissen um die Bedeutung der Qualität pädagogischer Prozesse und haben diesbezüglich ihre eigenen Vorstellungen und persönlichen Kriterien entwickelt, mit denen dann pädagogische Prozesse wahrgenommen und beurteilt werden. Die Unzulänglichkeiten dieses Verfahrens der "persönlichen pädagogischen Eindrücke" sind allerdings unverkennbar. Denn oft kommen nur ganz bestimmte Kriterien in den Blick, die sich nur auf einen schmalen Ausschnitt pädagogischer Prozeßqualität beziehen. Die Kriterien werden zudem meist nicht explizit formuliert, sondern eher implizit angewendet, was ihre Kommunikation mit anderen und eine Überprüfung ihrer Angemessenheit erschwert. Schließlich können die so resultierenden "subjektiven Eindrücke" kaum den erforderlichen Qualitätsmaßstäben genügen. Versuche, auf diese Weise ein Bild über die pädagogische Prozeßqualität in einer Kindergartengruppe zu gewinnen, sagen deshalb oft mehr über den Urteilenden - seine pädagogischen Kriterien - als über die beurteilten pädagogischen Prozesse aus.

Die Feststellung der Prozeßqualität wie auch darauf aufbauende Hilfen und Maßnahmen zu ihrer Verbesserung setzen ein an wissenschaftliche Methoden rückgebundenes Instrument voraus, mit dem diese Prozeßqualität in hinreichender Breite und Objektivität erfaßt werden kann. Solche Instrumente gibt es in Deutschland bisher nicht. Wir legen hier mit der KES erstmals ein solches Instrumentarium für den deutschsprachigen Raum vor. Es handelt sich um eine Adaption der ECERS (Early Childhood Environment Rating Scale) von Harms & Clifford (1980), die in den USA entwickelt wurde und dort für Praxis- und Forschungszwecke vielfach angewendet wird. Mittlerweile wird die Skala auch in zahlreichen anderen Ländern genutzt. So existieren u.a. eine italienische, koreanische, portugiesische, russische, schwedische und spanische Version des Instruments.

Bei der deutschen Adaption der Skala können wir inzwischen auf einen gut zehnjährigen Erfahrungszeitraum zurückblicken. In dieser Zeit wurden mehrere Erprobungsfassungen der KES erstellt und verschiedenen Forschungsgruppen und Experten zur Verfügung gestellt. Diese externen Erfahrungen waren für die Weiterentwicklung von großem Nutzen und haben zur jetzigen Form geführt.

3. Nutzungsmöglichkeiten der KES

Mit der nun vorliegenden KES gehen wir davon aus, daß eine Form gefunden wurde, die nach einem entsprechenden Training von Praktikern und Wissenschaftlern nutzbringend eingesetzt werden kann.

Das *Erzieherinnenteam und die Leiterin* einer Einrichtung mögen daran interessiert sein, einen genaueren Überblick über die Qualität des Prozeßgeschehens in der eigenen Einrichtung zu gewinnen, sei es, um größere Sicherheit bezüglich der Qualität der eigenen Arbeit zu erlangen, sei es, um gezielt Stärken und Schwächen zu identifizieren. Die KES bietet hier verschiedene Hilfsmöglichkeiten, indem sie den Blick auf ein breites Spektrum von Qualitätsaspekten lenkt und die Auseinandersetzung damit anregt wie auch indem konkrete Meßergebnisse mit der KES zur Selbstkontrolle und Verbesserung der eigenen Konzeption und Arbeit genutzt werden.

Die *Fachberatung* mag daran interessiert sein, einen vergleichenden Überblick über die Gruppen und Einrichtungen in ihrem Zuständigkeitsbereich zu bekommen, um beispielsweise auf diese Weise die eigenen Beratungsmöglichkeiten primär den Einrichtungen zukommen zu lassen, bei denen sie am dringendsten benötigt werden.

In der *Aus- und Fortbildung* können die in der KES enthaltenen Qualitätskriterien für die reflektierende Auseinandersetzung mit Qualitätsfragen, für die persönliche Entwicklung eines professionellen Verständnisses von pädagogischer Qualität wie auch für eine Auseinandersetzung mit verschiedenen Ansätzen zur Qualitätssicherung genutzt werden.

Schließlich dürfte die KES auch für *wissenschaftliche Untersuchungen im Kindergartenbereich* von Nutzen sein. Dies gilt zunächst, weil mit der KES erstmals ein deutschsprachiges Instrument zur Erfassung der globalen pädagogischen Prozeßqualität gegeben ist, für das auch entsprechende edumetrische Güteuntersuchungen vorliegen. Darüber hinaus existieren vielfältige Forschungen, in denen besonders die amerikanische Originalskala ECERS, aber z.T. auch die anderssprachigen Versionen eingesetzt wurden. Damit können die mit der KES im deutschsprachigen Raum ermittelten wissenschaftlichen Befunde in einen entsprechenden internationalen wissenschaftlichen Bezugsrahmen eingeordnet werden.

10

4. Prozeßqualität nach der KES

Die KES gibt einen relativ breiten Überblick über die pädagogische Qualität der Prozesse in einer Kindergartengruppe (vgl. Harms & Clifford, 1986, 1993; Hagen & Roßbach, 1987; Roßbach, 1993). Im Zentrum steht somit die einzelne Gruppe und nicht ein Kindergarten insgesamt. Prozeßqualität wird dabei in einem breiteren Sinne verstanden. Sie umfaßt sowohl Aspekte der räumlich-materialen Ausstattung als auch solche der Interaktionen der Kinder untereinander, der Interaktionen zwischen Erzieherinnen und Kindern und der Interaktionen zwischen Erzieherinnen und den Eltern. Im Hinblick auf räumlich-materiale Aspekte kommt es dabei nicht primär auf das reine Vorhandensein von Raum, Mobiliar und Spielmaterialien an, vielmehr steht die pädagogische Nutzung der Ressourcen im Vordergrund.

Die KES ist nicht auf ein spezifisches pädagogisches Konzept (wie etwa die Montessori-Pädagogik oder den Situationsansatz) bezogen. Was als gute oder unzureichende pädagogische Prozeßqualität betrachtet wird basiert auf einer Vielzahl von empirischen Untersuchungen zu frühkindlichen Betreuungs- und Erziehungs-umwelten (vgl. z.B. die Zusammenstellung bei Doherty, 1991) und reflektiert die Qualitätsstandards, die Experten und Berufsorganisationen speziell in Nordamerika für eine kindgerechte und entwicklungsfördernde Umwelt als bedeutsam betrachten.[1] Insofern kann die KES unabhängig von dem jeweils verfolgten pädagogischen Konzept zur Einschätzung der Prozeßqualität herangezogen werden.

Die KES umfaßt 37 einzelne Aspekte oder Items, die sich auf die Förderung der Entwicklung der Kinder im physischen, sozialen, kognitiven und emotionalen Bereich beziehen und verschiedene Aufgaben der Erzieherinnen ansprechen (Harms & Clifford, 1986). Der Auswahl und Formulierung der einzelnen Items der KES liegen fünf pädagogische Orientierungen zugrunde:

1. Kinder sind aktive Lerner; sie lernen durch ihre Aktivitäten, durch das, was sie tun, hören, erfahren und denken.

2. Kinder lernen durch die Interaktionen mit ihren Eltern, Erzieherinnen und anderen Erwachsenen wie auch durch die Interaktionen mit anderen Kindern. Verbale und non-verbale Interaktionen mit Erwachsenen sind wichtig zur Anregung kindlicher Lernprozesse.

3. Eine räumlich-materiale Umwelt, die so organisiert ist, daß Kinder maximal unabhängig und erfolgreich sein können, gibt den Kindern mehr Gelegenheit für produktive Interaktionen, Diskussionen und Freude.

4. Kinder benötigen emotionale Wärme und räumliche Möglichkeiten, die ihrem Bedürfnis nach Sanftheit/Kuscheligkeit entgegenkommen, sowie vorhersagbare Routinen, um sich sicher und geschützt zu fühlen.

5. Eine "gute" Umwelt für Kinder sollte auch die Bedürfnisse der Erwachsenen, die in ihnen arbeiten, erfüllen.

Als Indikatoren für eine hohe pädagogische Qualität werden zudem eine Individualisierung der pädagogischen Arbeit und eine (flexibel) auf die Kinder und ihre Bedürfnisse abgestimmte Planung der Arbeit angesehen.

---

[1] Besonders zu nennen sind hier die Qualitätsstandards, wie sie von der NAEYC (National Association for the Education of Young Children, 1991), dem Council for Early Childhood Professional Recognition (1990) wie auch der Canadian Child Day Care Federation (1991) für ihre Professionalisierungsprogramme vertreten werden.

5.   Aufbau der KES

Welche Bereiche und Einzelaspekte sind in der KES enthalten?

Die KES besteht aus 37 Schätz- oder Ratingskalen (im folgenden auch "Items" genannt), mit denen verschiedene Aspekte der pädagogischen Arbeit im Kindergarten eingeschätzt werden. Diese Schätzskalen sprechen insgesamt 37 unterschiedliche Aspekte der Kindergartenarbeit an, die in sieben übergeordneten Bereichen zusammengefaßt sind:

I.   Betreuung und Pflege der Kinder (5 Items)

Die Items beschreiben die Gestaltung von Mahlzeiten, Körperpflege, Ruhe- und Schlafpausen und damit zusammenhängend das entsprechende Wohlbefinden der Kinder.

II.   Möbel und Ausstattung für Kinder (5 Items)

Die Items beziehen sich auf die Ausstattung mit Mobiliar und Materialien sowie eine räumliche Gestaltung, die eine individuelle Betreuung und pädagogische Arbeit unterstützen.

III.   Sprachliche und kognitive Anregungen (4 Items)

Die Items erfassen die Nutzung von Materialien, Aktivitäten und Anregungen der Erzieherinnen, die Kindern helfen, verbal zu kommunizieren und für ihre Denkentwicklung grundlegende Beziehungen zu erfassen (z.B. Größen- und Zeitverhältnisse, Ursache-Wirkung-Beziehungen, logische Reihenfolgen).

IV.   Fein- und grobmotorische Aktivitäten (6 Items)

Die Items beziehen sich auf Materialien, Zeiten und Aktivitäten zur Förderung der feinmotorischen (z.B. Schneiden, Malen) und grobmotorischen (z.B. Klettern, Rennen) Fähigkeiten der Kinder.

V.   Kreative Aktivitäten (7 Items)

Die Items sprechen flexible, offene, nicht nur auf eine Lösung festgelegte Aktivitäten und Materialien an (z.B. für künstlerisches Gestalten, Spiel mit Bausteinen oder Rollenspiel), die eine Vielzahl von schöpferischen Anwendungsmöglichkeiten bieten.

VI.   Sozialentwicklung (6 Items)

Die Items beschreiben Möglichkeiten und Anregungen zur Förderung positiver Selbstbilder und Fremdbilder der Kinder sowie Hilfen zur Entwicklung von Interaktionsfähigkeiten.

VII.   Erzieherinnen und Eltern (4 Items)

Die Items beziehen sich auf entsprechend ausgestaltete Räumlichkeiten und sonstige Arrangements für Erzieherinnen und Eltern in der Einrichtung. Es geht dabei um Arrangements, die die Bedürfnisse der Erzieherinnen nach einer persönlich angenehmen Arbeitsatmosphäre und Möglichkeiten der beruflichen Fortbildung sowie die Wünsche der Eltern nach Einbeziehung, Information, Bestätigung und Unterstützung berücksichtigen.

Die 37 Items verteilen sich auf die einzelnen Bereiche, wie in der Tabelle 1 angegeben.

Tabelle 1: Die 37 Items der KES nach 7 übergreifenden Bereichen

I. Betreuung und Pflege der Kinder
1. Begrüßung und Verabschiedung
2. Mahlzeiten und Zwischenmahlzeiten
3. Ruhe- und Schlafpausen
4. Toiletten
5. Körperpflege

II. Möbel und Ausstattung für Kinder
6. Ausstattung für regelmäßige Pflege und Versorgung
7. Ausstattung für Lernaktivitäten
8. Ausstattung für Entspannung und Behaglichkeit
9. Raumgestaltung
10. Kindbezogene Ausgestaltung

III. Sprachliche und kognitive Anregungen
11. Sprachverstehen
12. Sprachliche Ausdrucksfähigkeit
13. Kognitive Anregungen
14. Allgemeiner Sprachgebrauch

IV. Fein- und grobmotorische Aktivitäten
15. Feinmotorik
16. Beaufsichtigung und Anleitung bei feinmotorischen Aktivitäten
17. Platz für Grobmotorik
18. Ausstattung für Grobmotorik
19. Vorgesehene Zeit für Grobmotorik
20. Beaufsichtigung und Anleitung bei grobmotorischen Aktivitäten

V. Kreative Aktivitäten
21. Künstlerisches Gestalten
22. Musik/Bewegung
23. Bausteine
24. Sand/Wasser
25. Rollenspiele
26. Tagesablauf
27. Beaufsichtigung und Anleitung bei kreativen Aktivitäten

VI. Sozialentwicklung
28. Rückzugsmöglichkeiten für Kinder
29. Freispiel
30. Teilgruppenarbeit
31. Multikulturelle Erziehung
32. Atmosphäre
33. Vorkehrungen für Kinder mit besonderen Bedürfnissen

VII. Erzieherinnen und Eltern
34. Räumlichkeiten speziell für Erzieherinnen
35. Fortbildungsmöglichkeiten
36. Treffmöglichkeiten für Erwachsene
37. Elternarbeit

Wie werden die Einzelaspekte eingeschätzt?

Die einzelnen Items haben die Form von Schätz- oder Ratingskalen[2] mit sieben Beurteilungsstufen, von 1 = unzureichend bis 7 = ausgezeichnet. Für jedes Item sind - speziell auf das Item abgestimmt - die Skalenstufen 1, 3, 5 und 7 ausführlich beschrieben:

- Die Skalenstufe *1* bezeichnet eine *unzureichende* Qualität. Die Beschreibung unter "1" bezieht sich auf eine Situation in der Kindergartengruppe, in der der durch das Item angesprochene Aspekt völlig unzureichend vorhanden oder gestaltet ist.

- Die Skalenstufe *3* bezeichnet eine *minimale* Qualität. Die Beschreibung unter "3" bezieht sich auf eine Situation, in der der zu beurteilende Aspekt in minimaler, gerade noch vertretbarer Ausprägung gegeben ist. Z.B. ist grundlegendes Material für die Kinder vorhanden; der Anregungsgehalt ist jedoch begrenzt, und eine pädagogisch durchdachte Nutzung ist nicht erkennbar.

- Die Skalenstufe *5* bezeichnet eine *gute* Qualität. Die Beschreibung unter "5" repräsentiert eine Situation, in der zu einem Aspekt adäquates Material (soweit erforderlich) in adäquaten räumlichen Möglichkeiten gegeben ist und in der die Kinder mit Unterstützung der Erzieherinnen entwicklungsangemessene Erfahrungen machen können.

- Die Skalenstufe *7* bezeichnet eine *ausgezeichnete* Qualität. Die Beschreibung unter "7" bezieht sich auf eine Situation, in der alle Bedingungen aus den darunter liegenden Stufen erfüllt sind. *Zusätzlich* werden die Kinder zu unabhängiger Auseinandersetzung mit dem durch das Item angesprochenen Aspekt aufge-

fordert, und es sind individuell auf einzelne Kinder abgestimmte Planungen der Erzieherinnen erkennbar.

Für jedes der 37 Items gibt es eine siebenstufige Skala, bei der die Skalenstufen 1, 3, 5 und 7 individuell für dieses Item beschrieben sind. Eine Bewertung mit 1, 3, 5 oder 7 kann nur dann erteilt werden, wenn alle Bedingungen, die in der jeweiligen Beschreibung gefordert werden, erfüllt sind. Eine 7 kann z.B. nur dann erfüllt werden, wenn alle geforderten Bedingungen der Skalenstufe 5 und der Skalenstufe 7 beobachtet werden können. Die Beschreibungen der Skalenstufe 1, 3, 5 und 7 sind als Beispiele zu verstehen, als Verdeutlichungen der Situationen, die ein Beobachter vorfinden kann. Wenn eine Beschreibung nicht exakt mit der beobachteten Situation in einer Kindergartengruppe übereinstimmt, soll die Beschreibung genommen werden, die für die Situation am zutreffendsten ist. Außer den ungeraden Skalenstufen können auch die geraden Skalenstufen 2, 4 und 6 benutzt werden. Diese Skalenpunkte sollen dann vergeben werden, wenn alle Bedingungen für die niedrigere (ungerade) Stufe, aber nur einige für die nächsthöhere (ungerade) Bewertungsstufe erfüllt sind.

---

[2] Ein Rating (Schätzurteil) ist eine systematische Einschätzung des Grades, in dem ein Objekt - hier eine Kindergartengruppe - eine bestimmte Eigenschaft besitzt. Eine Rating- oder Schätz*skala* ist dabei ein Hilfsmittel bei dieser Beurteilung, das zu möglichst guten und objektiven Beurteilungen führen soll. Im vorliegenden Fall wird jeweils das Geschehen in einer Kindergartengruppe intensiv beobachtet, und anschließend wird bezüglich jedes Items eingeschätzt, wo auf der jeweiligen Ratingskala die Gruppe einzuordnen ist.

6.   Items der KES

Auf den folgenden Seiten sind die 37 einzelnen Qualitätsaspekte einschließlich der dazugehörigen Qualitätsstufen dargestellt. Die Items selbst stehen immer auf den rechten Buchseiten. Für jedes Item werden die Skalenstufen unzureichend (1), minimal (3), gut (5) und ausgezeichnet (7) ausführlich beschrieben.

Auf den linken Buchseiten befinden sich bei den meisten Items "Ergänzende Hinweise", die zusätzlich Informationen für das Verständnis der Items und die Interpretationen der Skalenstufen geben. Falls notwendig, werden wichtige Begriffe, die in dem jeweiligen Item benutzt werden, erläutert.

Ergänzende Hinweise

1. Sie sollten *anwesend* sein, bevor das reguläre Gruppengeschehen beginnt, um die Begrüßung beobachten zu können. Ist dies aber nicht möglich, fragen Sie die Erzieherin: "Können Sie mir beschreiben, wie die tägliche Begrüßung und Verabschiedung der Kinder vor sich geht?" Schauen Sie nach Hinweisen und Anhaltspunkten für Absprachen oder Regeln von seiten der Einrichtung, die die in 5 und 7 beschriebenen Kriterien erfüllen, z.B. Absprachen der Erzieherinnen im Hinblick auf die Begrüßung und Verabschiedung der Kinder, Anerkennung der Bedeutung des Gesprächs mit den Eltern.

2. Die Bewertungen 3 und 5 beziehen sich auf soziale Qualität, während 7 beides voraussetzt: soziale Qualität *und* Lernerfahrung. Der Ernährungswert soll nur dann als Qualitätskriterium beachtet werden, wenn das Essen von der Einrichtung gestellt wird. Der Beobachter sollte nach Möglichkeit während des Frühstücks anwesend sein und dieses insgesamt, auch wenn es sich über einen längeren Zeitraum hinzieht, einschätzen. Einrichtungen, in denen über eine Zeitspanne von mehr als 3 Stunden keine Mahlzeit/Zwischenmahlzeit angeboten wird, sollen mit 1 eingestuft werden.

3. *Beaufsichtigung* bezieht sich nicht auf Überwachung oder darauf, daß die Erzieherin unbedingt dafür sorgt, daß alle Kinder schlafen. Es geht vielmehr darum, daß die Erzieherin eine angemessene Ruhe- und Schlafsituation schafft. Die Erzieherin ist bereit, auf individuelle Probleme und Bedürfnisse der Kinder zu reagieren. Es muß kein gesonderter Schlafraum vorhanden sein, Räume können umgestaltet werden. Bewertung mit 7: Es gibt Vorkehrungen, daß die Kinder, die zeitiger aufstehen oder nicht schlafen, spielen können, während die anderen Kinder ungestört ruhen oder schlafen.

I. BETREUUNG UND PFLEGE DER KINDER

	Unzureichend		Minimal		Gut		Ausgezeichnet
	1	2	3	4	5	6	7
1. BEGRÜSSUNG UND VERABSCHIEDUNG	Keine klaren Absprachen oder Regeln vorhanden. Begrüßung der Kinder häufig vernachlässigt. Für Verabschiedung keine besonderen Vorkehrungen getroffen.		Informell besteht Übereinkunft, daß die Kinder in irgendeiner Form begrüßt und verabschiedet werden (z.B. werden die meisten Kinder begrüßt, einige werden aber eventuell auch nicht begrüßt).		Klare Absprachen/Regeln, um alle Kinder freundlich zu begrüßen und in einer geordneten Form zu verabschieden. Für diese Aufgabe ist eine Erzieherin (oder mehrere) verantwortlich (z.B. Gespräche bei der Ankunft; bei Verabschiedung liegen gestalterische Arbeiten zum Mitnehmen bereit).		Zusätzlich zu 5: Eltern werden ebenfalls begrüßt. Die Erzieherinnen nutzen Begrüßung und Verabschiedung, um sich mit den Eltern auszutauschen und einen freundlichen Kontakt herzustellen.
	1	2	3	4	5	6	7
2. MAHLZEITEN UND ZWISCHENMAHLZEITEN	Mahlzeiten und Zwischenmahlzeiten zufällig und zu unregelmäßigen Zeiten. Ernährungswert ist fragwürdig.		Ausgewogene Mahlzeiten und Zwischenmahlzeiten fest im Tagesablauf verankert, aber strikt organisiert, gewisse Gleichförmigkeit. Mahlzeiten nicht als angenehme soziale Situation oder zur Förderung der Selbständigkeit genutzt (z.B. Milch eingießen, Tisch decken).		Ausgewogene Mahlzeiten und Zwischenmahlzeiten fest im Tagesablauf verankert. Erzieherinnen sitzen bei den Kindern. Sie sorgen für eine angenehme soziale Situation während der Mahlzeit. Gespräche in kleinen Gruppen möglich.		Zusätzlich zu 5: Essenssituation wird als "Lernsituation" genutzt. Dazu gehören: Gespräche mit den Kindern (z.B. über Tagesereignisse, Aspekte der Nahrung) und Förderung bzw. Nutzung der Selbständigkeit.
	1	2	3	4	5	6	7
3. RUHE- UND SCHLAFPAUSEN (NUR BEI GANZTAGSBETREUUNG)	Zeit oder Ort für Ruhe-/Schlafpausen unangemessen für Kinder (z.B. zu früh oder zu spät, Pausen zu lang oder zu kurz, zu unregelmäßigen Zeiten, Ruhebereich überfüllt, Lärm, schlecht belüftet). Wenig oder keine Beaufsichtigung.		Ruhe-/Schlafpausen zu angemessenen Zeiten. Gewisse Beaufsichtigung gegeben, es bestehen jedoch Probleme mit Beaufsichtigung, Atmosphäre oder Räumlichkeit.		Ruhe-/Schlafpausen zu angemessenen Zeiten. Ausreichende Beaufsichtigung gegeben. Angemessene Räumlichkeit, geeignet zum Ausruhen (z.B. gute Belüftung, ruhig, Matte/Liegebett für jedes Kind).		Zusätzlich zu 5: Den Kindern wird geholfen, sich zu entspannen (z.B. durch kuscheliges Spielzeug, Schlaflied, Streicheln). Es wird vorgesorgt für Kinder, die früher aufstehen oder nicht schlafen.

Ergänzende Hinweise

4. Falls Kinder unter 3 Jahren zu der beobachteten Gruppe gehören, sind Töpfchen als kindgerechte Ausstattung zu bewerten. Bei einer Bewertung mit 7 werden kindgerechte Toiletten *und* Waschbecken benötigt, d.h. beide können von den Kindern ohne Hilfsmittel (wie z.B. Kindersitz für Toiletten und Trittleiter/Podest bei Waschbecken) benutzt werden.

5. Bewerten Sie Item 5 in Verbindung mit Item 2 (Mahlzeiten und Zwischenmahlzeiten) und 4 (Toiletten). Wenn es feste Zeiten für Körperpflege gibt, kann eine 5 vergeben werden, auch wenn Zähneputzen kein Bestandteil ist.

6. Zur *Ausstattung* gehören: kindgerechte Stühle und Tische, Kinderbetten oder Schlafstellen für Kinder (nur bei Ganztagsbetreuung), Schubladen, Eigentumsfächer oder andere Möglichkeiten zur Aufbewahrung der persönlichen Dinge des Kindes.
Kindgerechte Größe bei Tischen und Stühlen heißt: Füße des Kindes bleiben beim Sitzen auf dem Boden, Höhe des Tisches kindgerecht (Knie passen unter den Tisch, Ellbogen auf den Tisch). Die Bewertung mit 5 kann gegeben werden, wenn die meisten Ausstattungsgegenstände in kindgerechter Größe sind. Beispiel: Kinderliegen und Tische sind kindgerecht, aber Stühle sind ein wenig zu groß.

18

4. TOILETTEN

1	2	3	4	5	6	7
Unzureichende Ausstattung (z.B. ungünstig gelegen, schwer zugänglich, kein warmes Wasser, keine kindgerechte Größe). Hygienische Bedingungen unzureichend (Toilettenräume nicht sauber, Erzieherin wäscht sich zwischendurch nicht die Hände, wenn sie mehreren Kindern hilft).		Toiletten mit Notbehelfscharakter: schwer zugänglich, schwer sauber zu halten, keine kindgerechte Größe, aber hygienische Bedingungen ausreichend.		Sanitäre Anlagen bequem, gut plaziert, leicht sauber zu halten (auch wenn Toilette und Waschbecken keine kindgerechte Größe haben). Angenehme Erwachsenen-Kind-Interaktion.		Zusätzlich zu 5: Kindgerechte Toiletten und niedrige Waschbecken fördern Selbständigkeit der Kinder. Erzieherin achtet auf Selbständigkeit und gewährt Unterstützung, wenn notwendig.

1	2	3	4	5	6	7

5. KÖRPERPFLEGE

1	2	3	4	5	6	7
Auf Körperpflege des Kindes wird wenig oder gar nicht geachtet (z.B. Händewaschen, Haarekämmen, Zähneputzen).		Unregelmäßige Beachtung der Körperpflege: Händewaschen, Zähneputzen usw. kein fester Bestandteil des Tagesablaufs.		Feste Zeiten für die Körperpflege: Zähneputzen nach den Mahlzeiten, Händewaschen zu den Mahlzeiten und nach der Toilette. Pflegeroutinen werden genutzt, um ein positives Selbstbild zu entwickeln. Kleidungsstücke vorhanden, damit sich die Kinder unter Umständen umziehen können.		Zusätzlich zu 5: Jedes Kind hat eine Zahnbürste usw.; Körperpflege gehört zum pädagogischen Konzept, um gesundheitsfördernde Verhaltensweisen zu unterstützen; Anregung zur Selbständigkeit bei angemessener Beaufsichtigung.

II. MÖBEL UND AUSSTATTUNG FÜR KINDER

6. AUSSTATTUNG FÜR REGELMÄSSIGE PFLEGE UND VERSORGUNG

1	2	3	4	5	6	7
Anzahl der Ausstattungsstücke unzureichend (für Essen, Schlafen, Aufbewahrung der persönlichen Dinge des Kindes), Raum nicht ausreichend beleuchtet und belüftet oder sonst unzureichend.		Ausreichende Anzahl von Ausstattungsstücken, jedoch unzureichende Größe oder schlechter Zustand. Raum wird wenig gepflegt (z.B. schmutziger Boden, schlechter Anstrich der Wände).		Ausreichende Anzahl von Ausstattungsstücken in kindgerechter Größe und in gutem Zustand; Boden und Wände sind gut gepflegt.		Zusätzlich zu 5: Ausstattung wird gut in Ordnung gehalten (z.B. Wäsche wird häufig gewechselt, saubere Schubladen). Raum nicht durch Ausstattung überfüllt.

Ergänzende Hinweise

7. Zur *Grundausstattung* gehören Tische und Stühle, offene Regale zur Aufbewahrung von Spielmaterialien, Maltische oder Staffelei.
    Maltisch: Ein Tisch, der für Aktivitäten wie Malen, Zeichnen, Schneiden und Kleben, Kneten und Arbeiten mit Ton genutzt wird.
    Sand-/Matschtisch: Ein wannenähnlicher Tisch oder ein anderer Behälter (Spülschüssel, Babybadewanne o.ä.), sodaß Kinder mit Sand (oder sandähnlichen Materialien) oder mit Wasser spielen können. Der Sand-/Matschtisch kann im Innen- oder Außenbereich stehen, muß aber das ganze Jahr über verfügbar sein.

8. *Sanftheit und Kuscheligkeit* bedeutet: weiche, bequeme Plätze zum Sitzen, Schlafen und Ruhen, Teppiche und weiches Spielzeug (z.B. Kuscheltiere).

9. Bewerten Sie die Raumgestaltung, auch wenn die Kinder bestimmte Bereiche nicht nutzen. Beobachten Sie, inwieweit die Möbel und die Raumaufteilung einen leichten Überblick ermöglichen (z.B. keine hohen Bücherregale oder großen Raumteiler als Trennung zwischen den einzelnen Funktionsbereichen/-ecken).
    Funktionsbereiche/-ecken sind Bereiche, die sich außerhalb der Laufwege befinden und so ausgestaltet sind, daß die Kinder mit den jeweiligen Materialien spielen können, z.B. Lese-, Bau-, Puppen-, Mal- und Musikecke. Bereiche für Pflegeroutinen bzw. Eßbereich gelten nicht als solche speziellen Funktionsbereiche.

		Unzureichend		Minimal		Gut		Ausgezeichnet
		1	**2**	**3**	**4**	**5**	**6**	**7**
7.	*AUSSTATTUNG FÜR LERNAKTIVITÄTEN*	Grundausstattung für Lernaktivitäten von der Anzahl her unzureichend.		Grundausstattung für Lernaktivitäten von der Anzahl her ausreichend und in gutem Zustand.		Grundausstattung ausreichend und in gutem Zustand. Zusätzlich sind Werkbank und Sand-/Matschtisch vorhanden. Maltisch oder Staffelei wird täglich benutzt, Werkbank und Sand-/Matschtisch wöchentlich.		Zusätzlich zu 5: Regelmäßige Nutzung der verschiedenen Ausstattungsgegenstände, Kinder können diese selbständig nutzen (z.B. durch Bildbeschriftungen oder andere Hilfen).
		1	**2**	**3**	**4**	**5**	**6**	**7**
8.	*AUSSTATTUNG FÜR ENTSPANNUNG UND BEHAGLICHKEIT*	Keine gepolsterten Möbel, Kissen, Decken oder Teppiche verfügbar. Das Bedürfnis der Kinder nach Sanftheit, Kuscheligkeit in ihrer Umgebung wird nicht berücksichtigt.		Keine gesonderte Kuschelecke vorhanden, jedoch im Spielbereich Teppiche oder gepolsterte Möbel vorhanden.		Spezielle Kuschelecke ist für Kinder regelmäßig zugänglich (z.B. mit Teppich, Kissen oder gepolsterten Möbeln). Kuschelbereich kann für Lesen (Bilderbuch), Rollenspiele usw. benutzt werden.		Zusätzlich zu 5: Sanftheit/ Kuscheligkeit auch in anderen Teilen des Raumes vorhanden (z.B. Kissen in der Lese- oder Puppenecke, viele weiche Spielzeuge).
		1	**2**	**3**	**4**	**5**	**6**	**7**
9.	*RAUMGESTALTUNG*	Keine Funktionsbereiche/-ecken im Gruppenraum ausgewiesen. Raum ungünstig gestaltet (z.B. Laufwege beeinträchtigen kindliche Aktivitäten). Materialien mit ähnlichem Zweck nicht zusammen aufbewahrt.		Ein oder zwei Funktionsbereiche ausgewiesen, aber im Raum nicht gut plaziert (z.B. ruhige und laute Aktivitätsbereiche liegen nebeneinander, Wasser nicht dort zugänglich, wo es gebraucht wird. Überblick über Funktionsbereiche für Erzieherin schwierig, Materialien nicht gut organisiert.		Drei oder mehr Funktionsbereiche ausgewiesen und angemessen ausgestaltet (z.B. Möglichkeit für Wasser, angemessene Regale). Ruhige und laute Bereiche sind voneinander getrennt. In jedem Funktionsbereich ist ausreichend Platz zum Spielen vorhanden (z.B. Spielteppich oder Tischzone liegen außerhalb der Laufwege). Überblick über Funktionsbereiche für Erzieherin leicht möglich.		Zusätzlich zu 5: Funktionsbereiche sind so ausgewählt und gestaltet, daß sie eine Vielzahl von Lernaktivitäten ermöglichen. Anordnung der Funktionsbereiche unterstützt selbständige Nutzung durch Kinder (z.B. "beschriftete", offene Regale, geeigneter Platz für gestalterische Arbeiten). Zusätzliche Materialien verfügbar, um Funktionsbereiche auszuweiten oder zu verändern.

Ergänzende Hinweise

10. *Uniforme Arbeiten* meint Ergebnisse von Aktivitäten, die hochgradig durch die Erzieherin angeleitet sind und bei denen die Kinder nur wenig Möglichkeiten zum individuellen, kreativen Gestalten haben: z.B. Bilder oder Bastelarbeiten, bei denen die Kinder alle den gleichen Gegenstand in der gleichen Weise bearbeiten. Um festzustellen, ob die von der Erzieherin vorgenommene Ausgestaltung eng auf laufende Aktivitäten der Kinder bezogen ist, fragen Sie, wann die Ausgestaltung vorgenommen wurde und wie sie in die Arbeit mit den Kindern einbezogen wird.

11., 12., 13.:
Schauen Sie sowohl nach dem Vorhandensein der entsprechenden Materialien als auch danach, ob Zeit für die Beschäftigung mit diesen Materialien eingeplant ist.

11. *Materialien* zur Förderung des Sprachverstehens sind z.B. Bücher, Schallplatten und Kassetten, Bilderlotto und andere Bildkartenspiele, Bildmaterial für Pinnwand u.ä.

	Unzureichend 1	2	Minimal 3	4	Gut 5	6	Ausgezeichnet 7
10. **KINDBEZOGENE AUSGESTALTUNG**	Kaum Gegenstände oder Materialien ausgestellt/aufgehängt oder für die Altersgruppe unangemessen (z.B. Materialien, die für Schulkinder gestaltet sind, altersunangemessene religiöse Materialien).		Kommerzielle Ausstellungsstücke bzw. von der Erzieherin vorgenommene Ausgestaltungen dominieren (z.B. Poster, Kunstdrucke, Kinderkalender; jahreszeitliche Ausgestaltung, die kaum Bezug zu laufenden Aktivitäten der Kinder hat).		Arbeiten der Kinder überwiegen. Einige der ausgestellten Arbeiten können uniform sein. Die von der Erzieherin vorgenommene Ausgestaltung ist eng auf laufende Aktivitäten der Kinder bezogen (z.B. Darstellungen, Bilder, Fotos über kürzliche Aktivitäten, Projekte und Ausflüge). Vieles in Augenhöhe der Kinder.		Zusätzlich zu 5: Individuelle Arbeiten der Kinder dominieren; Vielfalt von Materialien und Themen, zwei- und dreidimensionale Objekte (Knet-, Ton-, Holzarbeiten). Ausgestaltung wechselt häufig.

III. SPRACHLICHE UND KOGNITIVE ANREGUNGEN

	1	2	3	4	5	6	7
11. **SPRACHVERSTEHEN**	Wenige Materialien vorhanden, geringer Gebrauch zur Förderung des Sprachverstehens (z.B. kein tägliches Vorlesen, Erzählen usw.).		Einige Materialien vorhanden, aber entweder nicht allgemein zugänglich (geschlossener Schrank) oder nicht regelmäßig für die Sprachentwicklung genutzt.		Viele Materialien vorhanden, die nach freier Wahl und unter Anleitung genutzt werden können. Täglich mindestens eine geplante Aktivität (z.B. Vorlesen, Geschichten erzählen, Bildgeschichten, Fingerspiele, etwa im Stuhlkreis).		Zusätzlich zu 5: Erzieherin ist den ganzen Tag über ein gutes Sprachvorbild (z.B. gibt klare Anweisungen, benutzt treffende Wörter bei Beschreibungen). Erzieherin plant zusätzliche Aktivitäten für Kinder mit besonderen Bedürfnissen.

23

Ergänzende Hinweise

12. *Aktivitäten zur Förderung der sprachlichen Ausdrucksfähigkeit* sind z.B.: Puppenspiele, Fingerspiele, Singen, Reime, Beantworten von Fragen, Erzählen über Erlebnisse oder Bildbeschreibungen, Geschichten erzählen, Rollenspiele.
   Für eine Bewertung mit 7 ist zu berücksichtigen: Die geplanten täglichen Aktivitäten zur Förderung der sprachlichen Ausdrucksfähigkeit sollen sich sowohl auf eher formale Situationen (Geschichten erzählen oder Sprachspiele) als auch auf informelle Gelegenheiten (Gespräche zwischen Kindern und Erzieherinnen) beziehen.

13. *Materialien* zur kognitiven Anregung sind z.B.: entwicklungsangemessene Zuordnungsspiele (Größenunterschiede, Reihenfolgen, Bilderfolgen), Spiele zum Erkennen von Gleichheit/Unterschiedlichkeit, Farbe, Größe/Form, Sortierspiele.

	Unzureichend		Minimal		Gut		Ausgezeichnet
	1	2	3	4	5	6	7
12. SPRACHLICHE AUSDRUCKS-FÄHIGKEIT	Keine regelmäßigen Aktivitäten zur Förderung der sprachlichen Ausdrucksfähigkeit (z.B. keine Zeit geplant, in der die Kinder über ihre Zeichnungen sprechen können).		Einige regelmäßige Aktivitäten zur Förderung der sprachlichen Ausdrucksfähigkeit. Sprachanregung der Kinder jedoch nur punktuell.		Viele regelmäßige Aktivitäten zur Förderung der sprachlichen Ausdrucksfähigkeit während des Freispiels und in der Gruppe, aber keine speziell geplanten Aktivitäten zur Entwicklung der sprachlichen Ausdrucksfähigkeit.		Zusätzlich zu 5: Tagesplanung sorgt für eine Vielzahl von Aktivitäten zur Förderung der sprachlichen Ausdrucksfähigkeit während des Freispiels und in der Gruppe. Gelegenheiten und Anreize, Gedanken sprachlich auszudrücken, sind Teil einer auf die individuellen Bedürfnisse der Kinder abgestimmten Sprachförderung. Erzieherinnen regen kindliche Ausdrucksfähigkeit den ganzen Tag über an.

	1	2	3	4	5	6	7
13. KOGNITIVE ANREGUNGEN	Keine Spiele, Materialien oder Aktivitäten zur Erweiterung und Anregung kindlicher Denkfähigkeit vorhanden (z.B. (Zu)Ordnen, Reihenfolgen bilden, Kategorisieren).		Einige Spiele, Materialien oder Aktivitäten vorhanden, jedoch ohne Anleitung durch die Erzieherin benutzt oder nicht leicht zugänglich.		Ausreichende Spiele, Materialien oder Aktivitäten regelmäßig verfügbar. Gebrauch nach Wahl des Kindes, wobei Erzieherin im Bedarfsfall das Kind bei der Entwicklung von Begriffsinhalten unterstützt (z.B. durch Sprechen mit dem Kind und Fragen stellen, um das kindliche Denken herauszufordern).		Zusätzlich zu 5: Bewußte Überlegungen zur Einführung von Begriffen (Merkmalen, Relationen), individuell oder in der Gruppe, abgestimmt auf den Entwicklungsstand der Kinder. Erzieherinnen stimulieren das kindliche Denken nicht nur punktuell, sondern durch vielfältige aktuelle Ereignisse und Erlebnisse (z.B. Kinder lernen logische Abfolgen, indem sie über ihre Erlebnisse im Tagesablauf sprechen oder sich den Handlungsablauf beim Kochen o.ä. vergegenwärtigen).

25

15. *Materialien zur Förderung der Feinmotorik* sind z.B.: Perlen, Puzzles, Lego und anderes kleines Bauspielzeug, Scheren, Stifte.

	Unzureichend 1	2	Minimal 3	4	Gut 5	6	Ausgezeichnet 7
14. ALLGEMEINER SPRACHGEBRAUCH	Erzieherin nutzt Sprache außerhalb der Gruppenaktivitäten hauptsächlich, um das kindliche Verhalten zu kontrollieren und übliche Handlungsabläufe zu regulieren.		Erzieherin unterhält sich zwar mit den Kindern, jedoch stellt sie hauptsächlich solche Fragen, auf die die Kinder mit Ja/Nein oder kurzen Antworten reagieren können. Kinder werden nicht zum Sprechen angeregt.		Gespräche zwischen Erzieherin und Kindern sind häufig. Erzieherin benutzt Sprache vorwiegend zum Informationsaustausch mit den Kindern und zur sozialen Interaktion. Sie stellt Fragen, die längere und komplexere Antworten erfordern: "Warum", "Wie", "Was wäre, wenn".		Zusätzlich zu 5: Erzieherin bemüht sich bewußt, mit jedem Kind täglich ein informelles Gespräch zu führen. Sie nimmt die Ideen der Kinder auf und erweitert sie sprachlich (z.B. durch Hinzufügen von Informationen, durch Fragen, die das Kind zum Sprechen anregen).

IV. FEIN- UND GROBMOTORISCHE AKTIVITÄTEN

	1	2	3	4	5	6	7
15. FEINMOTORIK	Keine dem Entwicklungsstand der Kinder angemessenen Materialien zur Förderung der Feinmotorik im täglichen Gebrauch vorhanden.		Einige dem Entwicklungsstand der Kinder angemessene Materialien zur Förderung der Feinmotorik sind für den alltäglichen Gebrauch verfügbar.		Vielfältige dem Entwicklungsstand der Kinder angemessene Materialien zur Förderung der Feinmotorik vorhanden. Sie sind in gutem Zustand und werden von den Kindern täglich genutzt.		Zusätzlich zu 5: Materialien werden ausgetauscht, um das Interesse aufrecht zu erhalten, und werden so ausgewählt, daß sie die Selbständigkeit fördern. Aktivitäten werden geplant, um feinmotorische Fähigkeiten zu verbessern.
16. BEAUFSICHTIGUNG UND ANLEITUNG BEI FEINMOTORISCHEN AKTIVITÄTEN	Keine Beaufsichtigung bzw. Anleitung gegeben, wenn Kinder mit Materialien, die zur Entwicklung der Feinmotorik geeignet sind, spielen.		Beaufsichtigung/Anleitung dient nur dem Schutz und der Sicherheit der Kinder oder um Streit zu schlichten.		Kindern wird bei Bedarf Hilfe und Unterstützung gegeben (z.B. um ein Puzzle zu vollenden, um Formteile in entsprechende Aussparungen zu stecken, beim Gebrauch der Schere etc.). Erzieherin zeigt Anerkennung für die Arbeit der Kinder.		Zusätzlich zu 5: Erzieherin führt Kinder an Materialien mit angemessenem Schwierigkeitsgrad heran. Sie plant Lernschritte, um feinmotorische Fertigkeiten zu fördern (z.B. gibt Kindern Puzzles mit wachsendem Schwierigkeitsgrad; Aufziehen erst von großen, dann von kleinen Perlen).

Ergänzende Hinweise

17. Für eine Bewertung mit 5 ist zu berücksichtigen: Der Platz für Grobmotorik muß in Hinblick auf die Zahl der Kinder, die ihn nutzen, angemessen sein. Erkundigen Sie sich deshalb, ob Teilgruppen oder die gesamte Gruppe den Platz nutzen.
Abfedernder Boden: Untergrund unter den Klettergerüsten, der den Fall eines Kindes abfängt, wie z.B. Sand, zerkleinerte Baumrinde, Gras oder eine Gummipolsterung.

18. Für eine Bewertung mit 5 ist zu berücksichtigen: Zu der geforderten Ausstattung gehören auch Großraummaterialien (z.B. Kartons, Bauelemente, Bretter, Reifen).

19. Für eine Bewertung mit 5 ist zu berücksichtigen: Bei Halbtagseinrichtungen ist täglich eine Phase für grobmotorische Aktivitäten erforderlich, bei Ganztagseinrichtungen ist eine geringfügige Abweichung von dieser Regel, z.B. wenn einmal in der Woche vormittags oder nachmittags keine Zeit für Grobmotorik eingeplant ist, nicht bedeutsam.

	Unzureichend 1	2	Minimal 3	4	Gut 5	6	Ausgezeichnet 7
17. PLATZ FÜR GROBMOTORIK	Weder außen noch innen spezieller Platz für grobmotorische Aktivitäten vorhanden.		Gewisser Platz für grobmotorische Aktivitäten außen oder innen vorhanden.		Angemessener Platz außen und gewisser Platz innen (oder umgekehrt) mit Sicherheitsvorkehrungen gegeben (z.B. abfedernder Boden unter den Klettergerüsten, abgegrenzter Bereich, Boden mit Drainage).		Zusätzlich zu 5: Gestalteter, sicherer, vielfältiger und gefälliger Platz außen und innen vorhanden (z.B. angemessener Bodenbelag, Schatten im Sommer, Sonne im Winter, Windschutz, Sand). Innenbereich wird bei schlechtem Wetter genutzt.
18. AUSSTATTUNG FÜR GROBMOTORIK	Geringe Ausstattung für grobmotorische Aktivitäten, in schlechtem Zustand oder nicht altersangemessen.		Gewisse altersangemessene Ausstattung für grobmotorische Aktivitäten, aber wenig abwechslungsreich oder selten genutzt (z.B. unzugänglich, Umräumen oder Geräteaufbau erforderlich).		Ausstattung ist leicht zugänglich und robust, stimuliert Vielfalt von Fertigkeiten (z.B. Kriechen, Laufen, Balancieren, Klettern) und bietet gleichzeitig Möglichkeiten zu Bau- und Rollenspielen.		Zusätzlich zu 5: Ausstattung ideenreich, flexibel und wird von Erzieherinnen und Kindern häufig neu arrangiert, um das Interesse wach zu halten. Verschiedene Ausstattungsgegenstände für verschiedene Fertigkeitsstufen vorhanden (z.B. Schaukel, Reifenschaukel, Knotenseil).
19. VORGESEHENE ZEIT FÜR GROBMOTORIK	Keine Zeit für grobmotorische Aktivitäten außen oder innen vorgesehen.		Gelegentlich Zeit für grobmotorische Aktivitäten vorgesehen.		Tägliche Zeiten für grobmotorische Aktivitäten, sowohl vormittags als auch nachmittags.		Zusätzlich zu 5: Sowohl geplante altersangemessene Aktivitäten (z.B. Ball-, Fangspiele, Hindernislaufen) als auch Zeit zum Freispiel.

Ergänzende Hinweise

20. *Beaufsichtigung und Anleitung* meint nicht Einengung von sinnvollen Freiräumen, sondern Gewähr-
    leistung der Sicherheit und Gesundheit der Kinder sowie Unterstützung bei der kindlichen Erfahrungs-
    erweiterung.

21. *Reglementierter Gebrauch* der Materialien für künstlerisches Gestalten meint stark von der Erzieherin
    gelenkte bzw. beeinflußte Projekte. Demgegenüber bezieht sich *individuelle Gestaltung* darauf, daß
    Kinder ihre Arbeiten frei wählen und selbständig anfertigen. Kinderzeichnungen, die alle unterschied-
    lich aussehen, weil die Kinder nicht aufgefordert wurden, eine Vorlage oder ein Modell nachzuahmen,
    werden als individuell gestaltet betrachtet.

Ergänzende Hinweise

22. *Tanzrequisiten* sind z.B.: Kopftücher, Armbänder, Röcke und andere Materialien, die den Kindern helfen, sich an Bewegung und Tanz zu erfreuen.

23. Unter *Zubehör* wird verstanden: Spielzeugpuppen, kleine Autos und Lastwagen, Spielzeugtiere, Straßenverkehrszeichen, die eine den Bausteinen entsprechende Größe besitzen, stehen den Kindern in der Bauecke für eine Benutzung zusammen mit den Bausteinen zur Verfügung.
Für eine Bewertung mit 5 oder 7 ist zu berücksichtigen: Die Bauecke muß den Kindern für ausreichende Zeit im Tagesablauf verfügbar sein, entweder im Gruppenraum oder einem anderen für die Kinder zugänglichen Bereich. Der Unterschied zwischen 5 und 7 beruht auf der Vielfalt von Bausteinen und Zubehör. Die Aufbewahrung ist so organisiert, daß die Kinder die Materialien ohne weiteres selbständig erreichen können. Ein ebener Bauteppich ist vorhanden.

24. Das Item zielt darauf ab, daß Kinder regelmäßig außen und innen (letzteres notwendig bei schlechten Wetterverhältnissen) Zugang zu Sand und Wasser haben. Eine entsprechende Innenausstattung setzt nicht voraus, daß sich in jedem Gruppenraum ein Sand-/Matschtisch befindet, jedoch muß dieser (wenn er von mehreren Gruppen gleichzeitig genutzt wird) für jede Gruppe regelmäßig nutzbar sein.
Für eine Bewertung mit 7 muß eine Ausstattung für Sand- und Wasserspiele außen *und* innen vorhanden sein. Die Möglichkeiten für Sand- und Wasserspiele brauchen sich nicht an der gleichen Stelle zu befinden.

	Unzureichend		Minimal		Gut		Ausgezeichnet
	1	2	3	4	5	6	7
22. MUSIK/ BEWEGUNG	Keine Möglichkeiten für Aktivitäten im Bereich Musik/Bewegung vorhanden (z.B. keine Kinderschallplatten, -kassetten oder Musikinstrumente).		Gewisse Möglichkeiten für musikalische Erfahrungen vorhanden (z.B. Schallplattenspieler, Kassettenrekorder, Musikinstrumente, Zeit zum Singen), musikalische Erfahrungen insgesamt jedoch selten gegeben.		Wöchentlich mehrmals eingeplante Zeiten für Singen, Musikinstrumente spielen oder Bewegung/Tanzen.		Zusätzlich zu 5: Zeit und Raum für Musik *und* Bewegung/Tanz eingeplant; verschiedenartige Schallplatten, Tanzrequisiten. Täglich musikalische Aktivitäten entweder zur freien Auswahl oder als Gruppenaktivität.

	1	2	3	4	5	6	7
23. BAUSTEINE	Wenig Bausteine und Zubehör. Unzureichender Platz für Spiele mit Bausteinen.		Keine spezielle Bauecke, jedoch ist im Raum Platz für Bauspiele; Bausteine und Zubehör reichen aus, so daß mindestens zwei Kinder gleichzeitig damit spielen können.		Spezielle Bauecke, abgegrenzt von Laufwegen, mit passenden Aufbewahrungsmöglichkeiten vorhanden. Platz, Bausteine und Zubehör reichen aus, so daß gleichzeitig drei oder mehr Kinder damit spielen können. Bauecke mindestens eine Stunde pro Tag verfügbar.		Zusätzlich zu 5: Spezielle Bauecke mit angemessenem Bodenbelag (z.B. ebener Bauteppich). Vielfalt von kleinen und großen Bausteinen und Zubehör. Die Aufbewahrung ist so organisiert, daß die Kinder zu selbständigem Gebrauch ermuntert werden (z.B. "beschriftete" Regale zur Aufbewahrung der Bausteine).

	1	2	3	4	5	6	7
24. SAND/WASSER	Keine Ausstattung für Spiele mit Sand oder Wasser.		Gewisse Ausstattung für Spiele mit Sand oder Wasser, außen *oder* innen.		Ausstattung für Spiele mit Sand und Wasser außen oder innen, einschließlich Spielzeuge (z.B. Tassen, Löffel, Trichter, Schaufeln, Sandautos, Töpfe und Pfannen, Eimer usw.); Nutzung mindestens einmal in der Woche.		Zusätzlich zu 5: Ausstattung für Spiele mit Sand und Wasser außen *und* innen, einschließlich angemessenem Spielzeug.

Ergänzende Hinweise

28. *Rückzugsmöglichkeiten:* meint Platz und Gelegenheit, daß sich die Kinder vom Druck einer Kinder-gruppe zurückziehen und entweder allein oder mit einem oder zwei anderen Kindern spielen können.

	Unzureichend 1	2	Minimal 3	4	Gut 5	6	Ausgezeichnet 7
27. BEAUFSICHTIGUNG UND ANLEITUNG BEI KREATIVEN AKTIVITÄTEN	Keine Beaufsichtigung bzw. Anleitung, außer bei Problemen.		Beaufsichtigung/Anleitung vorhanden, jedoch Aufmerksamkeit gegenüber den Kindern minimal (z.B. Aufmerksamkeit der Erzieherin auf verschiedene Aufgaben gerichtet, mehrere Erzieherinnen halten ein Schwätzchen usw.).		Beaufsichtigung/Anleitung in der Nähe der Kinder. Aufmerksamkeit hauptsächlich auf Sicherheit, Sauberkeit und den richtigen Gebrauch von Materialien gerichtet.		Zusätzlich zu 5: Erzieherin interagiert mit Kindern, diskutiert Ideen und unterstützt das Spiel. Berücksichtigung der "empfindlichen" Balance zwischen den Bedürfnissen der Kinder, selbständig Erfahrungen zu sammeln, und den Anregungen der Erzieherin für gezielte Lernprozesse.

VI. SOZIALENTWICKLUNG

	1	2	3	4	5	6	7
28. RÜCKZUGS- MÖGLICHKEITEN FÜR KINDER	Keine Möglichkeiten für Kinder, allein ohne Störungen oder Belästigungen durch andere zu spielen. Erzieherinnen betrachten es als unerwünscht, wenn ein Kind allein spielt.		Obwohl kein spezieller Platz vorgesehen ist, an dem Kinder alleine spielen können, ist es Kindern erlaubt, sich zurückzuziehen (z.B. hinter Möbeln).		Spezieller Platz vorhanden, an dem ein oder zwei Kinder ohne Störungen oder Belästigungen durch andere spielen können (z.B. Platz außerhalb des allgemeinen Sichtfeldes, "Absperrungen", Regeln, daß die Kinder nicht gestört werden dürfen).		Zusätzlich zu 5: Alleinspiel wird als Teil einer gezielten Förderung von Konzentration, Selbständigkeit und Entspannung gesehen.

	Unzureichend		Minimal		Gut		Ausgezeichnet
	1	2	3	4	5	6	7

29. FREISPIEL

1 *Entweder* wenig Möglichkeiten für Freispiel *oder* größter Teil des Tages wird in unbeaufsichtigtem Freispiel verbracht. Spielzeug, Spiele und Ausstattung für Freispiel ungeeignet.

3 Gewisse Möglichkeiten für Freispiel, eher gelegentliche Beaufsichtigung unter Sicherheitsgesichtspunkten. Freispiel wird nicht als pädagogische Möglichkeit gesehen (z.B. Erzieherinnen lassen Möglichkeiten ungenutzt, Kinder beim Umgang mit Konflikten zu helfen, das Sprechen der Kinder über ihre Aktivitäten anzuregen, Anregungen zur inhaltlichen Bereicherung des kindlichen Spiels zu geben).

5 Spielzeug, Spiele und Ausstattung sind abwechslungsreich und in ausreichender Anzahl vorhanden. Regelmäßige Beaufsichtigung durch Erzieherinnen. Freispiel ist für mehrere Abschnitte des Tages vorgesehen.

7 Zusätzlich zu 5: Reichliche Möglichkeiten für beaufsichtigtes Freispiel außen *und* innen bei großer Vielfalt von Spielzeug, Spielen und Ausstattung. Beaufsichtigung wird für pädagogische Interaktionen genutzt. Neues Material/neue Erfahrungen für Freispiel kommen immer wieder hinzu.

	1	2	3	4	5	6	7

30. TEILGRUPPEN-ARBEIT

1 Kinder befinden sich die meiste Zeit des Tages in der Gesamtgruppe. Erzieherin ergreift nur selten die Gelegenheit, mit einzelnen Kindern oder kleinen Gruppen zu interagieren, während die übrigen Kinder Freispielaktivitäten nachgehen.

3 Gewisse Zeit für Freispiel vorhanden, alle geplanten Aktivitäten werden jedoch in der Gesamtgruppe durchgeführt (z.B. alle Kinder sind an den gleichen künstlerischen Aktivitäten beteiligt, allen wird zur gleichen Zeit eine Geschichte erzählt, alle hören gemeinsam eine Kassette).

5 Es gibt geplante Aktivitäten sowohl für Teilgruppen als auch für die Gesamtgruppe. Arbeit in der Gesamtgruppe ist auf *kurze Perioden,* die dem Alter und den Fähigkeiten der Kinder entsprechen, begrenzt.

7 Zusätzlich zu 5: Arbeit in verschiedenen Teilgruppen wird geplant, um Abwechslung im Tagesablauf hinweg zu gewährleisten. Dies schließt auch individuelle Aktivitäten mit nur einem Kind ein. Freispiel und Teilgruppenaktivitäten dominieren.

32. *Atmosphäre:* Allgemeiner Eindruck von Qualität und Ton der Interaktionen zwischen Erzieherin und Kindern sowie Kindern untereinander.

	Unzureichend 1	2	Minimal 3	4	Gut 5	6	Ausgezeichnet 7
31. MULTIKULTURELLE ERZIEHUNG	Kein Bemühen, ethnische Vielfalt bei Puppen, Buchillustrationen oder Bildern an den Wänden einzubeziehen. Spielzeug und Bilder sind ausschließlich auf eine Kultur/Ethnie bezogen.		Gewisse ethnische Vielfalt bei Spielzeug und Bildmaterial (z.B. Puppen unterschiedlicher Hautfarbe und kultureller Herkunft, Bücher oder Bildmaterial über verschiedene Länder).		Bemühen um multikulturelle Erziehung zeigt sich am liberalen Einbezug von multikulturellem und nicht-sexistischem, d.h. nicht auf einseitige Geschlechterrollen bezogenem, Material (z.B. Puppen, Buchillustrationen, Bildern an den Wänden).		Zusätzlich zu 5: Multikulturelle Erziehung ist Teil des pädagogischen Konzepts, geplanter Gebrauch von multikulturellem und nicht-sexistischem Material (z.B. Feier/Gedenktage aus anderen Religionen und Kulturen, Kochen von Gerichten aus anderen Kulturen, aufmerksam machen auf die Vielfalt der Rollen für Männer und Frauen über Geschichten und Rollenspiele).
	1	2	3	4	5	6	7
32. ATMOSPHÄRE	Erzieherin und Kinder erscheinen angespannt, die Stimmen klingen gereizt und ärgerlich, Kinder weinen häufig. Körperlicher Kontakt dient hauptsächlich der Kontrolle (z.B. Antreiben von Kindern).		Erzieherin unaufmerksam und eher teilnahmslos, wenn die Kinder ruhig und zufrieden sind; greift nur dann ein, wenn Probleme auftauchen (Erzieherin lacht selten, laute Stimme).		Ruhige, aber geschäftige Atmosphäre. Kinder scheinen die meiste Zeit zufrieden zu sein. Erzieherin und Kinder scheinen entspannt, heitere Stimmen und häufiges Lachen. Erzieherin zeigt Zuneigung durch Körperkontakte (z.B. freundliches Auf-den-Schoß-Nehmen, Umarmen). Wechselseitiger Respekt von Erzieherin und Kindern.		Zusätzlich zu 5: Erzieherin beugt Problemen durch sorgfältiges Beobachten und geschicktes Einmischen vor (z.B. Kinder bekommen Hilfen, bevor aus kleinen ernste Probleme werden, Sprechen mit Kindern über mögliche Konfliktlösungen). Die pädagogische Arbeit schließt Planungen für die Entwicklung der sozialen Fähigkeiten ein (z.B. durch Bücher mit entsprechenden Geschichten, Gesprächsrunden).

Ergänzende Hinweise

33. *Kinder mit besonderen Bedürfnissen* sind alle Kinder, deren körperliche, geistige oder emotionale Bedürfnisse durch das normale Geschehen in der Gruppe alleine nicht erfüllt werden.
Eventuell müssen Sie die Erzieherin fragen: "Haben Sie in Ihrer Gruppe Kinder mit besonderen Bedürfnissen?, Wie gehen Sie damit um?, Hatten Sie jemals solche Kinder?, Wie würden Sie sich verhalten, wenn sie Kinder mit besonderen Bedürfnissen in Ihrer Gruppe hätten?".
Modifikationen: Anpassungen im Hinblick auf Ausstattung (z.B. Rampen, Ruheraum, besonderer Spielplatz), pädagogische Arbeit (z.B. spezielle Materialien, Ausstattung, Nutzung von Unterstützungsdiensten, speziell geplante individuelle Programme) und Tagesablauf (z.B. kürzere Anwesenheitszeiten, alternative Aktivitäten, spezielle Nahrung).

	Unzureichend		Minimal		Gut		Ausgezeichnet
	1	**2**	**3**	**4**	**5**	**6**	**7**
33. VORKEHRUNGEN FÜR KINDER MIT BESONDEREN BEDÜRFNISSEN	Keine Vorkehrungen oder Pläne, um Ausstattung, pädagogische Arbeit und Tagesablauf für Kinder zu modifizieren, deren Bedürfnisse durch das normale Geschehen nicht abgedeckt werden. Zurückhaltung, Kinder mit besonderen Bedürfnissen aufzunehmen.		Kleine Anpassungen für den Alltag, jedoch bestehen keine langfristigen Pläne, um den besonderen Bedürfnissen dieser Kinder entgegenzukommen. Kein Bemühen, das Ausmaß der besonderen Bedürfnisse abzuschätzen.		Erzieherinnen schätzen das Ausmaß der besonderen Bedürfnisse der Kinder ab und treffen notwendige Modifikationen in Ausstattung, pädagogischer Arbeit und Tagesablauf, um auf die besonderen Bedürfnisse der Kinder einzugehen.		Zusätzlich zu 5: Individuelle Angebote für Kinder mit besonderen Bedürfnissen, Einbeziehung der Eltern sowie von Fachleuten (falls erforderlich) zur Diagnose und Planung der pädagogischen Arbeit; Einbeziehung von Unterstützungsdiensten.

VII. ERZIEHERINNEN UND ELTERN

	1	**2**	**3**	**4**	**5**	**6**	**7**
34. RÄUMLICHKEITEN SPEZIELL FÜR ERZIEHERINNEN	Keine speziellen Räumlichkeiten für Erzieherinnen vorhanden (z.B. keine separate Toilette und kein Aufenthaltsraum, keine Möglichkeiten zur Aufbewahrung der persönlichen Dinge).		Entweder separate Toilette oder Aufenthaltsraum für Erzieherinnen vorhanden. Wenig Möbel für Erwachsene (wenn überhaupt); Möglichkeiten zur Aufbewahrung der persönlichen Dinge sind minimal.		Toiletten und Aufenthaltsraum für Erzieherinnen vorhanden, Aufenthaltsraum evtl. auch für Aktivitäten der Kinder genutzt. Raum ist mit Möbeln für Erwachsene ausgestattet. Zentrale Möglichkeit zur Aufbewahrung der persönlichen Dinge vorhanden.		Zusätzlich zu 5: Toiletten und Aufenthaltsraum der Erzieherinnen von den Aktivitätsbereichen der Kinder getrennt. Bequeme Möbel für Erwachsene. Innerhalb des Gruppenraumes Aufbewahrungsmöglichkeiten für persönliche Dinge, wenn nötig abschließbar.

Ergänzende Hinweise

35. *Regelmäßige Dienstbesprechungen*: Besprechungen finden häufiger als einmal im Monat statt.

	Unzureichend		Minimal		Gut		Ausgezeichnet
	1	**2**	**3**	**4**	**5**	**6**	**7**
35. FORTBILDUNGS-MÖGLICHKEITEN	Keine Fachbuchsammlung in der Einrichtung. Seltene Dienstbesprechungen. Keine Fortbildungsmöglichkeiten vorhanden.		Eingeschränkte Fachbuchsammlung (z.B. wenig Bücher, Fachzeitschriften oder Curriculummaterialien zur Fortbildung vorhanden). Dienstbesprechungen auf Verwaltungsangelegenheiten begrenzt. Keine gezielten Fortbildungsmöglichkeiten vorhanden.		Gute Fachbuchsammlung, aktuelles Material zu einer Vielzahl von inhaltlichen Aspekten vorhanden. Regelmäßige Dienstbesprechungen, die auch Aktivitäten zur beruflichen Fortbildung umfassen. Einarbeitung neuer Mitarbeiterinnen wird geplant.		Zusätzlich zu 5: Fachbezogene Materialien werden unter Mitarbeiterinnen ausgetauscht. Fortbildung umfaßt Workshops, Fortbildungsseminare und Fortbildung in den Dienstbesprechungen. Berufliche Fortbildung wird unterstützt (z.B. Freistellung für Fortbildung, Erstattung der Reisekosten usw.).

	1	**2**	**3**	**4**	**5**	**6**	**7**
36. TREFFMÖGLICHKEITEN FÜR ERWACHSENE	Keine angemessenen räumlichen Möglichkeiten für Dienstbesprechungen oder sonstige Treffen und Konferenzen von Erzieherinnen/Eltern während des Tages.		Gewisse räumliche Möglichkeiten vorhanden, wo sich Erzieherinnen/Eltern treffen können. Diese werden aber auch für andere, z.T. störende Aktivitäten genutzt (z.B. lauter Bereich, häufige Störungen, da gleichzeitig als Büro, Spielraum, Küche usw. genutzt).		Zufriedenstellende räumliche Möglichkeiten für Mitarbeiterinnenbesprechungen oder sonstige Treffen von Erzieherinnen/Eltern. Doppelte Benutzung (wenn notwendig) macht keine Abstimmungsschwierigkeiten.		Zusätzlich zu 5: Treffmöglichkeiten von Aktivitätsbereichen der Kinder *getrennt*, keine doppelte Nutzung.

Ergänzende Hinweise

37. Achten Sie auf Informationsblätter über Regeln, pädagogische Ansätze, kindliche Betreuung; Kindergartenzeitung; Anschlagbretter; Elternabende/Elternkonferenzen; entsprechende räumliche Möglichkeiten für Elterntreffen; Teilnahme am Gruppengeschehen.

	Unzureichend		**Minimal**		**Gut**		**Ausgezeichnet**
	1	**2**	**3**	**4**	**5**	**6**	**7**
37. ELTERNARBEIT	Keine Vorkehrungen für Informationsaustausch zwischen Eltern und Erzieherinnen bzw. Eltern untereinander. Kein Einbezug der Eltern in die pädagogische Arbeit. Eltern werden von der Beobachtung des Gruppengeschehens oder der Teilnahme am Gruppengeschehen möglichst ferngehalten.		Nur wenig Informationen an die Eltern, begrenzte Möglichkeiten für Einbezug (z.B. Informationen beziehen sich nur auf Richtlinien, Kosten, Öffnungszeiten; geringe Kontakte beim Bringen und Abholen der Kinder). Wenig Bemühen um elternfreundliche Atmosphäre.		Regelmäßiger Informationsaustausch zwischen Erzieherin und Eltern (z.B. durch Elternabende, Zeitungen usw.). Eltern werden über das Erziehungskonzept der Einrichtung unterrichtet (z.B. durch Informationsblätter, Elterntreffen usw.). Teilnahme der Eltern am Gruppengeschehen erwünscht (z.B. Frühstück/Mahlzeiten mit den Kindern, Vermitteln häuslicher Gewohnheiten).		Zusätzlich zu 5: Informationen an die Eltern über häusliche Erziehung, Gesundheitsvorsorge usw. Regelmäßige Beteiligung von Eltern an der Planung und Bewertung der Arbeit angestrebt. Eltern sind zusammen mit den Erzieherinnen an Entscheidungen beteiligt (z.B. über Elternvertreter in Ausschüssen).

7. Anwendung der KES

Die KES ist eine Einschätzskala, deren Ergebnisse auf der Grundlage einer mehrstündigen Beobachtung durch einen geschulten Beobachter, ergänzt um bestimmte Fragen an die Erzieherin, zustandekommen. Die Aussagekraft der mit der KES gewonnenen Ergebnisse hängt entscheidend von der Güte der Beobachtungen (und der ergänzenden Befragung) sowie der Korrektheit der Einstufungen ab. Um zu möglichst genauen und objektiven Ergebnissen zu gelangen, sind für jedes Item die Skalenstufen 1, 3, 5 und 7 beschrieben und z.T. ergänzende Hinweise gegeben.

Trotz dieser Hilfen muß vor einer naiven Anwendung durch ungeschulte Beobachter dringend gewarnt werden. Nicht geschulte Anwender, ob Einrichtungsteams, Ausbilder, Fachberaterinnen, Studenten oder Wissenschaftler bringen als Beobachter und Rater jeweils unterschiedliche pädagogische Ausbildungen, berufliche Erfahrungen und pädagogische Orientierungen mit und haben unterschiedliche Zugänge zur Beobachtertätigkeit und zum Beobachtungsfeld. Damit solche subjektiv unterschiedlichen Voraussetzungen nicht zu unterschiedlichen Ergebnissen führen, bedarf es wie bei sonstigen Beobachtungs- und Ratingverfahren auch eines gründlichen Trainings der Anwender.

Dies gilt im vorliegenden Fall umso mehr, als es sich bei den zu beobachtenden und einzustufenden Qualitätsaspekten pädagogischer Prozesse um komplexe Gebilde handelt. In der Praxis hat sich ein mehrtägiges Anwendertraining als erfolgreich erwiesen,

- das eine Einarbeitung in die Grundlagen der KES unter pädagogisch-inhaltlichen wie auch unter formal-instrumentellen Gesichtspunkten beinhaltet,
- das praktische Übungen mit zunehmendem Schwierigkeitsgrad in Realsituationen unter Supervision zum Gegenstand hat und
- das erst dann als erfolgreich abgeschlossen gilt, wenn ein vorgegebenes Maß an Beobachterübereinstimmung erreicht wird.

Bestandteil des Trainings ist darüber hinaus die Interpretation der Befunde. Nachweise über solche Trainingskurse können über die auf der letzten Buchinnenseite angegebene Adresse erfragt werden.

Die folgenden praxisbezogenen Hinweise für die Anwendung der KES dürfen nicht als Ersatz für ein Training mißverstanden werden. Sie setzen vielmehr den geschulten Anwender voraus und stellen ergänzende Hilfen dar, die sich in der Praxis der Anwendung der KES bewährt haben.

Lesen

Auch der geschulte Beobachter sollte von Mal zu Mal die Items einschließlich der ergänzenden Hinweise genau lesen.

Dem Beobachter muß bei *jedem* Item der Unterschied zwischen den Bewertungsstufen unzureichend (1), minimal (3), gut (5) und ausgezeichnet (7) verständlich und präsent sein. Die Itembeschreibungen brauchen nicht auswendig gelernt zu werden. Durch mehrfaches Lesen und bewußte Auseinandersetzung mit den Qualitätsunterschieden werden diese im Regelfall so verinnerlicht, daß sich der Beobachter schnell in der Bewertungsskala zurechtfindet und die Beschreibung (1, 3, 5, 7) oder auch die Zwischenstufe (2, 4, 6) herausfindet, die für die jeweilige Situation in der Kindergruppe am treffendsten ist.

Beobachten/Sehen

Die Einstufungen der KES fußen in erster Linie auf Beobachtungen. Besonders einrichtungsfremde Beobachter sollten sich zu Beginn etwas Zeit nehmen, um sich eine Grundorientierung über die zur Gruppe gehörenden Räume und die von der Gruppe insgesamt genutzten Räume und Plätze zu verschaffen. Auch wenn noch keine Kinder im Raum sind, kann der Anwender durch gezielte Beobachtung Informationen zu folgenden Items sammeln, bei denen die Ausstattung eine große Rolle spielt:

Item 10:   Kindbezogene Ausgestaltung

| Item 17: | Platz für Grobmotorik |
| Item 18: | Ausstattung für Grobmotorik. |

Weitere Items, zu denen Basisinformationen vorab gesammelt werden können, sind:

Item 4:	Toiletten
Item 6:	Ausstattung für regelmäßige Pflege und Versorgung
Item 7:	Ausstattung für Lernaktivitäten
Item 8:	Ausstattung für Entspannung und Behaglichkeit
Item 9:	Raumgestaltung
Item 23:	Bausteine
Item 28:	Rückzugsmöglichkeiten für Kinder

Der Beobachter benötigt auch Informationen darüber, wie oft bestimmte Materialien genutzt werden bzw. sonstige Belege, die eine bestimmte Einstufung ermöglichen. Informationen dazu kann der Beobachter eventuell in Übersichten zum Tagesablauf oder über geplante Lernangebote bzw. auch in ausgehängten Materialien für die Eltern finden. Aufmerksames Betrachten der zur Gruppe gehörenden Räume, des Flures oder auch des Eingangsbereiches der Einrichtung ist wichtig, um diese Informationsquellen nicht zu übersehen.

Beobachten/Hören

Bei den meisten Items der KES sind zur Bewertung der gegebenen - und weitgehend beobachtbaren - materiellen Bedingungen auch die Aktivitäten und Interaktionen von Kindern und Erzieherinnen einzubeziehen. In der Regel muß also die Aufmerksamkeit gleichzeitig darauf gerichtet werden, was in den gegebenen Situationen zu sehen *und* zu hören ist. Die Beobachtung von Erzieherin-Kind-Interaktionen, Kind-Erzieherin-Interaktionen und Kind-Kind-Interaktionen und zu hören, wer was in welcher Art und Weise wann mit wem besprochen hat, ist besonders für die folgenden Items bedeutsam:

| Item 11: | Sprachverstehen |
| Item 14: | Allgemeiner Sprachgebrauch |

Item 15:	Feinmotorik
Item 16:	Beaufsichtigung und Anleitung bei feinmotorischen Aktivitäten
Item 20:	Beaufsichtigung und Anleitung bei grobmotorischen Aktivitäten
Item 24:	Sand/Wasser
Item 27:	Beaufsichtigung und Anleitung bei kreativen Aktivitäten
Item 29:	Freispiel
Item 30:	Teilgruppenarbeit
Item 32:	Atmosphäre

Eintragungen in den Bewertungsbogen

Die Eintragungen in den Bewertungsbogen (Muster im Anhang) werden zum überwiegenden Teil während der Beobachtungszeit vorgenommen. Der Bogen enthält neben Platz für allgemeine Angaben (Einrichtung, Gruppe, Datum, Beginn und Ende der Beobachtungen) die Nummern, die Kurzbezeichnungen und die sieben Skalenstufen der 37 zu bewertenden Items sowie Platz für Kommentare. Sobald die Beobachtungen eine hinreichend breite Information erbracht haben, sollte eine Einstufung der Items vorgenommen werden. Der Einstufung sollte eine wenigstens einstündige Beobachtung vorausgegangen sein. Es hat sich bewährt, die entsprechende Skalenstufe mit einem Kreis zu markieren. Dort, wo die Informationen noch nicht ausreichen, sollte der Beobachter eine vorläufige Bewertung treffen. Es ist günstig, die entsprechende Skalenstufe zu unterstreichen und gegebenenfalls mit einen Richtungspfeil zu versehen. Der im Bewertungsbogen vorgesehene Platz für Notizen kann zweifach genutzt werden, einmal für Anmerkungen dazu, warum sich der Beobachter für einen bestimmten Skalenwert entschieden hat (z.B. Stühle haben keine kindgerechte Größe), zum anderen um festzuhalten, zu welchen Items Informationen zur Beurteilung fehlen.

Fragen

Für die angemessene Bewertung einer Reihe von Items dürfte es erforderlich sein, entsprechende Auskünfte bei der betreffenden Gruppenerzieherin einzuholen. Diese Notwendigkeit kann besonders bei folgenden Items auftreten:

Item 1:	Begrüßung und Verabschiedung
Item 2:	Mahlzeiten und Zwischenmahlzeiten
Item 3:	Ruhe- und Schlafpausen
Item 5:	Körperpflege
Item 12:	Sprachliche Ausdrucksfähigkeit
Item 13:	Kognitive Anregungen
Item 18:	Ausstattung für Grobmotorik
Item 19:	Vorgesehene Zeit für Grobmotorik
Item 21:	Künstlerisches Gestalten
Item 22:	Musik/Bewegung
Item 25:	Rollenspiel
Item 26:	Tagesablauf
Item 31:	Multikulturelle Erziehung
Item 34:	Räumlichkeiten speziell für Erzieherinnen
Item 35:	Fortbildungsmöglichkeiten
Item 36:	Treffmöglichkeiten für Erwachsene
Item 37:	Elternarbeit

Auf das Gespräch mit der Gruppenerzieherin muß sich der Beobachter gut vorbereiten, um die zur Verfügung stehende Zeit, in der Regel eine Zeitstunde, optimal nutzen zu können. Folgende Schritte sind dazu notwendig:

1. Vor oder zu Beginn der Beobachtungen wird ein Zeitpunkt ausgemacht, zu dem der Gruppenerzieherin ungestört die notwendigen Fragen gestellt werden können. Eine Befragung der Erzieherin während der Beobachtungszeit muß vermieden werden, da hierdurch der Beobachtungsgegenstand verändert werden kann, indem die Erzieherin von möglichen Aktivitäten und Interaktionen mit den Kindern abgehalten wird.

2. Mit den Eintragungen in den Bewertungsbogen während der Beobachtungen ist die Vorbereitung dafür getroffen, zu welchen Items Fragen gestellt werden müssen. Aus den Eintragungen muß der zu erfragende Sachverhalt klar hervorgehen (z.B. Regelmäßigkeit der Aktivitäten, Verwendung des Materials oder Verbindlichkeit der Planung), oder es sollte die Frage vorformuliert sein (z.B. Wann können die Kinder mit den Bausteinen spielen?).

3. Fragen sollten nur dann gestellt werden, wenn zusätzlich zu den Beobachtungen weitere Informationen zur Bewertung benötigt werden. Wenn der Beobachter aufgrund der Beobachtungen weiß, daß ein Item mindestens mit einer 5 bewertet werden kann, dann erfragt er nur solche Sachverhalte, die für eine Entscheidung von 6 oder 7 wichtig sind. Auf Fragen nach Merkmalen, die für die Bewertung mit 7 nötig sind, soll verzichtet werden, wenn ein Item nach der Beobachtung höchstens mit 3 oder 4 eingeschätzt werden kann.

4. Fragen sollen offen formuliert werden, keinesfalls suggestiv, um die Antworten nicht in eine bestimmte Richtung zu lenken.

Abschließende Bewertung

Im Gespräch mit der Erzieherin stellt der Beobachter alle Fragen zu einem Item im Zusammenhang. Die Einstufung wird vorgenommen, sobald eine hinreichende Informationsgrundlage vorhanden ist. Jede Bewertung erfolgt immer aufgrund der aktuellen Beobachtungen oder Informationen der Erzieherin über die aktuelle Situation und nicht aufgrund dessen, was die Erzieherin über zukünftige Pläne berichtet. Es kann vorkommen, daß keine der Skalenbeschreibungen eines Items exakt zutrifft. Die Beschreibungen sind als Beispiele für Situationen zu verstehen, die ein Beobachter vorfinden kann. Diese Beispiele sind keineswegs vollständig, sie beschreiben, worauf geachtet werden soll. Es ist die Beschreibung herauszufinden, die die Situation am ehesten widerspiegelt.

Eine Bewertung mit 1, 3, 5 oder 7 soll nur dann vergeben werden, wenn alle Bedingungen, die in der jeweiligen Beschreibung der Skalenstufe gefordert werden, erfüllt sind. Eine dazwischenliegende Bewertung 2, 4 oder 6 soll dann vergeben werden, wenn alle Bedingungen für die niedrigere Bewertung und einige für die höhere Bewertung erfüllt sind. Die ergänzenden Hinweise sollten als Bewertungshilfe berücksichtigt werden.

Das Gespräch mit der Erzieherin soll erst dann beendet werden, wenn der Beobachter mit Sicherheit alle notwendigen Informationen gesammelt und die entsprechende Skalenstufe mit einem Markierungskreis versehen hat.

8. Auswertung der KES

Auf welchen Ebenen können die Ergebnisse betrachtet werden?
Es gibt verschiedene Möglichkeiten, die mit Hilfe der KES gewonnenen Informationen auszuwerten. Das Auswertungsblatt (siehe Muster im Anhang), in das die gewonnenen Informationen übertragen werden müssen, bildet hierfür eine nützliche Grundlage.

1. Auf der feinsten Auswertungsebene kann jedes der 37 Items einzelnen betrachtet und daraufhin beurteilt werden, ob die mit dem Item erfaßte pädagogische Qualität als angemessen oder verbesserungsbedürftig anzusehen ist. Die Betrachtung der einzelnen Items ist besonders für Selbstevaluationen und für externe Beratungsprozesse angeraten, bei denen unmittelbar eine Verbesserung der pädagogischen Qualität in der Praxis angestrebt wird. Allerdings ist es für zusammenfassende Qualitätsbeurteilungen notwendig, die für die 37 Einzelitems gewonnenen Informationen zu verdichten. Dazu dienen die folgenden Möglichkeiten.

2. Auf der Ebene der sieben Bereiche der KES, die jeweils bestimmte inhaltliche Schwerpunkte der pädagogischen Arbeit in einer Kindergartengruppe indizieren, können die Werte für die zu einem Bereich gehörenden Items aufaddiert werden. Um für Interpretationszwecke wieder die ursprüngliche Bewertungsskala von 1 (unzureichende Qualität) bis 7 (ausgezeichnete Qualität) zu erhalten, muß anschließend durch die Anzahl der jeweils eingegangenen Items dividiert werden. Durch diese Mittelwertbildung über die Items hinweg können die Ergebnisse in den sieben Bereichen miteinander verglichen und so besondere Stärken oder Schwächen der jeweiligen pädagogischen Qualität identifiziert werden. Auswertungen auf dieser Ebene dürften wiederum besonders für Selbstevaluationszwecke bzw. für externe Beratungsprozesse bedeutsam sein. Für Forschungszwecke können einzelne Bereiche für Spezialuntersuchungen betrachtet werden.

Allerdings ist hier zu berücksichtigen, daß aufgrund der niedrigen Itemzahlen die Reliabilitäten verringert sind (vgl. Kap. 9).

Bei Vergleichen der Qualität zwischen verschiedenen Einrichtungen bzw. Gruppen aus verschiedenen Einrichtungen kann es sinnvoll sein, im Bereich Betreuung und Pflege der Kinder das Item 3 (Ruhe- und Schlafpausen) nicht zu berücksichtigen (also nur den Mittelwert aus den Items 1, 2, 4 und 5 zu bilden). Dies gilt für den Fall, daß Halbtagseinrichtungen oder Vor- und Nachmittagseinrichtungen (bei Schließung über Mittag) in den Vergleich mit eingehen.

3. Für eine zusammenfassende allgemeine Beurteilung der pädagogischen Qualität in einer oder mehreren gegebenen Kindergartengruppen sowie vor allem für Forschungszwecke kann ein Gesamtwert über alle KES-Items gebildet und interpretiert werden. Für Forschungszwecke ist hier vor allem auch die hohe Reliabilität bedeutsam (vgl. Kap. 9). Dazu werden die Summen aus den sieben Bereichen der KES aufaddiert und durch 37 dividiert, um wieder auf die Bewertungsskala von 1 bis 7 zu gelangen. Auch bei der Bildung eines Gesamtwertes muß nach den jeweiligen Umständen entschieden werden, ob Item 3 (Ruhe- und Schlafpausen) mit berücksichtigt wird. Ggf. wird die Summe nur durch 36 dividiert.

4. Für differenzierte Bewertungsprozesse der Qualität ist es auch möglich, die Gliederung der KES-Items nach inhaltlichen Gesichtspunkten (also nach den sieben Bereichen) zu verlassen und die Items danach zu gruppieren, ob sie sich mehr auf die Förderung der Kinder durch das direkte Erzieherinnenverhalten oder auf eine Förderung durch Bereitstellung und Nutzung von räumlich-materialen Möglichkeiten beziehen. In Kapitel 9 wird die entsprechende Gruppierung der Items in dem Abschnitt "faktorielle Validität" beschrieben. Es soll an dieser Stelle nur gesagt werden, daß diese Gruppierung von insgesamt 20 der 37 KES-Items in die zwei Bereiche "Pädagogische Interaktionen" und "Räumlich-materiale Ressourcen" sich in verschiedenen nationalen und internationalen Untersuchungen bestätigt hat und daß die entstehenden Skalen eine hohe Reliabilität haben.

Zur Bildung eines Wertes für die Qualität der "Pädagogischen Interaktionen" werden die folgenden Items aufaddiert (im Auswertungsblatt durch ein *i* gekennzeichnet): 1, 11, 12, 13, 14, 16, 26, 27, 29, 30 und 32. Die entstehende Summe wird durch 11 dividiert. Zur Bildung eines Wertes für die Qualität der "Räumlich-materialen Ressourcen werden die folgenden Items aufaddiert (im Auswertungsblatt durch ein *r* gekennzeichnet): 7, 8, 9, 15, 21, 23, 24, 25, 28. Der entstehende Wert wird durch 9 dividiert. Durch den Vergleich der beiden Werte für einzelne Kindergartengruppen oder Stichproben von Kindergartengruppen läßt sich dann feststellen, ob mehr Wert auf eine Stimulation der Kinder durch direkte Interaktionen von und mit den Erzieherinnen gelegt wird oder ob mehr eine Förderung über Bereitstellung und Nutzung von räumlich-materialen Möglichkeiten im Mittelpunkt steht.

Wie kann das gefundene Qualitätsniveau bewertet werden?

Wie mehrfach beschrieben, reicht die siebenstufige Skala von 1 (unzureichende Qualität) über 3 (minimale Qualität) und 5 (gute Qualität) bis 7 (ausgezeichnete Qualität). Entsprechend der sich in diesen Skalenpunkten ausdrückenden Expertenstandards lassen sich folgende Qualitätsniveaus - sowohl auf der Ebene der einzelnen Items wie auch auf der Ebene der verschiedenen oben angesprochenen Zusammenfassungen - unterscheiden:

- absolut **unzureichende** Qualität bei Werten unter 3
- **mittelmäßige** Qualität bei Werten zwischen 3 und unter 5
- **gute** Qualität bei Werten von 5 und darüber

Diese drei Qualitätsniveaus können als Orientierung benutzt werden, um die durch einen gegebenen KES-Wert indizierte Qualität einzuordnen.

Um eine weitere Einordnungshilfe zu geben, sind in Abbildung 1 die Ergebnisse für den KES-Gesamtwert (gebildet aus 36 Items, ohne Item 3) für 103 Kindergartengruppen aus 103 Kindergärten wiedergegeben. Die untersuchten Kindergärten streuen über regionale Bedingungen, Trägerstrukturen sowie über alte und neue Bundesländer (vgl. Tietze et al., 1997; siehe auch Kapitel 9 zu den Gütekriterien).

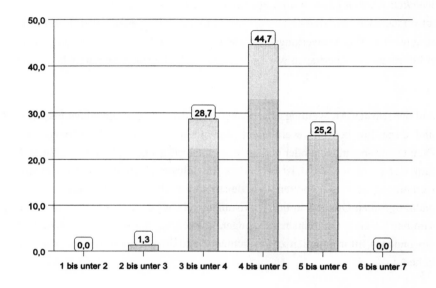

Abb. 1: Verteilung von KES-Gesamtwerten; Angaben in %

Entsprechend der drei oben angesprochenen Qualitätsniveaus läßt sich für diese Untersuchung festhalten:

- Eine absolut unzureichende Qualität findet sich nur bei 1,3 % der untersuchten Kindergartengruppen.
- Mittelmäßige - also ebenfalls deutlich verbesserungswürdige - Qualität zeigt sich mit zusammen 73,4 % für fast zwei Drittel aller untersuchten Kindergartengruppen.
- Eine gute Qualität läßt sich mit 25,2 % nur bei einem Viertel der Gruppen ausmachen.

9. Technische Qualität der KES

Ein sinnvoller Einsatz der KES in Selbstevaluationen und besonders in Fremdevaluationen (d.h. in Beurteilungen durch externe Beobachter) setzt eine entsprechende technische Qualität dieses Erhebungsinstrumentes voraus. Zur Beurteilung der meßtechnischen Güte der KES sollen im folgenden die klassischen Gütekriterien Objektivität, Reliabilität und Validität herangezogen werden.[3]

Die amerikanische Originalversion des Instruments (ECERS) wurde und wird zur Zeit in vielen Studien in den USA und Kanada als ein Instrument für eine Qualitätseinschätzung eingesetzt. Die verschiedenen Studien weisen auf eine gute Objektivität, Reliabilität und Validität der ECERS hin, so daß im Hinblick auf die Originalversion von einem erprobten und technisch abgesicherten Meßinstrument gesprochen werden kann (vgl. zusammenfassend Roßbach, 1993, S. 47-53). Im folgenden wird - von einzelnen Vergleichen mit der technischen Qualität der Originalversion abgesehen - nur über die meßtechnische Güte der hier vorliegenden deutschen Version (KES) berichtet. Die Angaben beruhen in der Regel auf einer Untersuchung von 103 Kindergartengruppen aus ebenso vielen Kindergärten, die im Kindergartenjahr 1993/94 durchgeführt wurde. Die Kindergärten stammen aus den Bundesländern Baden-Württemberg, Berlin, Brandenburg, Nordrhein-Westfalen und Rheinland-Pfalz. Die Stichprobe umfaßt in den alten Bundesländern sowohl Ganztagskindergärten als auch Halbtagskindergärten (vgl. Tietze et al., 1997).

---

[3] Auf ein anderes Gütekriterium - das der Ökonomie - wurde schon weiter oben eingegangen. Derzeit gibt es im deutschsprachigen Raum kein anderes Instrument, mit dem die Qualität der Arbeit in einer Kindergartengruppe in breiter Form beurteilt werden kann. Insofern existiert keine Alternative, mit der die KES verglichen werden kann. Insgesamt gesehen dürfte der Zeitaufwand, der für die Anwendung der KES erforderlich ist, als angemessen betrachtet werden.

Objektivität

Zur Bestimmung der Objektivität im Sinne der Beobachterübereinstimmung (Inter-Rater-Reliabilität) wurden die gleichen Kindergartengruppen von jeweils zwei Beobachtern unabhängig voneinander in den 37 Items der KES eingestuft. Die Beurteilerübereinstimmung wurde auf drei Wegen ermittelt: über die Berechnung eines Kappa-Koeffizienten, über die Berechnung der prozentualen Übereinstimmung und über Rangkorrelationen der KES-Gesamtwerte zwischen Erst- und Zweitbeobachtern. Kappa ist ein Maß für die Übereinstimmung, das korrigiert ist um das Ausmaß der zufällig zu erwartenden Übereinstimmungen (vgl. Asendorpf & Wallbott, 1979; Fleiss, 1981, S. 217ff.). Allerdings ist Kappa ein Maß für die Beobachterübereinstimmung auf Nominalskalenniveau und somit nur bedingt für die siebenstufigen KES-Skalen geeignet, die zumindest als ordinalskaliert betrachtet werden können. Um dies zu berücksichtigen, wurden Abweichungen von nur einem Skalenpunkt in einem Item in der Beurteilung einer Gruppe durch die beiden Beobachter noch als Übereinstimmung gewertet. Eine solche Definition erscheint bei siebenstufigen Skalen sinnvoll und wird in vergleichbaren Fällen häufig angewandt. Die ermittelten Werte für Kappa reichen von .55 bis 1.0 (Maximalwert von Kappa). D.h., bei der schlechtesten Übereinstimmung für ein Beobachterpaar über die 37 Items ergibt sich ein Kappa von .55, bei den besten Paaren eines von 1.0. Im Durchschnitt beträgt die Beobachterübereinstimmung .85 (Median über die 49 Paare) (vgl. Ehmke-Pfeifer, 1996). Neben Kappa wurde für jedes Beobachterpaar pro beobachteter Gruppe die einfache prozentuale Übereinstimmung über die 37 Items berechnet, wobei ebenfalls eine Abweichung von einem Skalenpunkt als Übereinstimmung gezählt wurde. Die einfachen Beobachterübereinstimmungen reichen von 62 bis 100 %, d.h., das schlechteste der 49 Paare stimmte (nur) in 62 % der 37 Items überein, die besten Paare aber in allen Items. Im Durchschnitt über die 49 Paare ergibt sich eine prozentuale Beobachterübereinstimmung von 89 %.

Weiterhin wurden für jede Beurteilung der KES-Gesamtwert gebildet und die Meßwerte der Erstbeobachter mit denen der Zweitbeobachter korreliert. Es ergibt sich eine Rangkorrelation (Spearman) von .82. Harms und Clifford (1983) berichten für die amerikanische Originalversion bei 25 Gruppen eine vergleichbare Rangkorrelation von .88 (vgl. auch Helburn, 1995, S. 41). Insgesamt kann damit von einer angemessenen Beobachterübereinstimmung für die KES ausgegangen werden.

Reliabilität

Zur Einschätzung der Reliabilität wurden die Test-Retest-Reliabilität und die internen Konsistenzen (für den Gesamtwert wie auch für Subskalen) geprüft.

Im Hinblick auf die Retest-Reliabilität haben acht Beobachter die gleiche Kindergartengruppe in einem Zeitabstand von acht bis zehn Monaten zweimal eingeschätzt. Eine Abweichung in der Beurteilung eines Items von nur einem Skalenpunkt wurde wiederum als Übereinstimmung gezählt. Die einfachen Beobachterübereinstimmungen über die 37 Items reichen von 76 bis 97 %, d.h., der "schlechteste" Beobachter hat (nur) 76% der 37 Items zu beiden Zeitpunkten gleich eingeschätzt, der "beste" immerhin 97 % der Items (letzteres sind 36 der 37 Items). Im Durchschnitt über die acht Beobachter ergibt sich eine Beobachterübereinstimmung von 87 %. Die entsprechenden Kappa-Werte für die acht Beobachter reichen von .67 bis .96; der Median über die acht Beobachter beträgt .83 (vgl. Ehmke-Pfeifer, 1996). Die Meßwertreihen der KES-Gesamtwerte zu den beiden Meßzeitpunkten wurden wiederum miteinander korreliert. Die Rangkorrelation (Spearman) beträgt .88. Harms und Clifford (1980, 1983) berichten für eine Untersuchung mit 31 Gruppen eine Rangkorrelation von .96; allerdings lagen hier nur zwei Wochen zwischen der ersten und zweiten Einschätzung.

Die insgesamt sehr hohen Retest-Reliabilitäten weisen auf zweierlei hin: eine hohe Reliabilität der KES *und* eine hohe Stabilität der Qualitätsmerkmale einer Kindergartengruppe über einen Zeitraum von immerhin acht bis zehn Monaten. Die mit Hilfe der KES beurteilte Qualität in einer Kindergartengruppe wechselt also nicht von Zeitpunkt zu Zeitpunkt. Vielmehr kann davon ausgegangen werden, daß die Kinder über einen längeren Zeitraum die gleiche Qualität erleben.

Tabelle 2 enthält für den KES-Gesamtwert sowie für die sieben KES-Subskalen die internen Konsistenzen (Cronbach's ALPHA) und die korrigierten Item-Total-Korrela-

tionen. Die Analysen basieren auf 36 Items. Item 3 (Ruhe und Schlafpausen, Subskala Betreuung und Pflege der Kinder) wurde herausgenommen, da es in der Regel für Halbtagseinrichtungen nicht bearbeitet wurde. Zusätzlich sind zwei aufgrund von Faktorenanalysen gebildete additive Skalen aufgenommen, die zum einen Aspekte der Interaktionen von Kindern und Erzieherinnen (Pädagogische Interaktionen) und zum anderen das Vorhandensein und die Nutzung räumlich-materialer Ressourcen (Räumlich-materiale Ressourcen) ansprechen (vgl. dazu weiter unten zur faktoriellen Validität).

Tabelle 2: Reliabilitäten (Cronbach's ALPHA) und Spannbreiten der korrigierten Item-Total-Korrelationen

Skalen	Anzahl der Items	ALPHA	Item-Total-Korrelation
Gesamtwert	36	.94	.18-.79
Betreuung und Pflege der Kinder	4	.47	.20-.35
Möbel und Ausstattung für Kinder	5	.75	.25-.67
Sprachliche und kognitive Anregungen	4	.84	.60-.73
Fein- und grobmotorische Aktivitäten	6	.68	.09-.59
Kreative Aktivitäten	7	.79	.27-.63
Sozialentwicklung	6	.79	.45-.66
Erzieherinnen und Eltern	4	.61	.20-.55
Pädagogische Interaktionen	11	.91	.37-.78
Räumlich-materiale Ressourcen	9	.88	.39-.78

Cronbach's ALPHA für den Gesamtwert liegt mit .94 befriedigend hoch. Ein solcher Wert wurde auch in verschiedenen Untersuchungen in den USA gefunden wie auch in anderen Ländern (vgl. Helburn, 1995, S. 41; Tietze et al, 1996). Auf der Ebene der sieben KES-Subskalen liegen die internen Konsistenzen etwas niedriger. Berücksichtigt man aber, daß alle Subskalen sich nur aus recht wenigen Items - maximal sieben - zusammensetzen, kann auch hier von zufriedenstellenden internen Konsistenzen ausgegangen werden. Im allgemeinen liegen die korrigierten Item-Total-Korrelationen in einer angemessenen Spannbreite. Die niedrigste Korrelation ergibt sich mit .09 für das Item 20 (Beaufsichtigung und Anleitung bei grobmotorischen Aktivitäten) bei der Subskala Fein- und grobmotorische Aktivitäten. Dies überrascht insofern nicht, als mit diesem Items eher ein allgemeiner Aspekt der Interaktionen der Erzieherin mit den Kindern angesprochen wird, während die anderen Items der Subskala mehr auf fein- und grobmotorische Aktivitäten zugespitzt sind. Für die beiden aufgrund von Faktorenanalysen gebildeten additiven Skalen "Pädagogische Interaktionen" und "Räumlich-materiale Ressourcen" (zur Interpretation siehe weiter unten) ergeben sich mit .91 und .88 ebenfalls hohe interne Konsistenzen, die vergleichbar mit jener für den Gesamtwert sind.

Zusammenfassend kann festgehalten werden, daß die KES sowohl im Hinblick auf die Retest-Reliabilität als auch im Hinblick auf die internen Konsistenzen zufriedenstellende Werte aufweist. Für Forschungszwecke kann hier besonders die Benutzung des Gesamtwertes sowie der beiden Skalen "Pädagogische Interaktionen" und "Räumlich-materiale Ressourcen" empfohlen werden.

Validität

Die Validität der KES wurde auf verschiedenen Wegen überprüft. Im folgenden werden angesprochen:

- eine Einschätzung der Wichtigkeit der einzelnen KES-Items durch Erzieherinnen (Expertenvalidierung),
- die faktorielle Struktur der KES (faktorielle Validität) und
- ein Vergleich der KES-Einschätzungen mit anderen Versuchen, die Qualität der jeweiligen Kindergartengruppen zu erfassen (Konstruktvalidierung).

Expertenvalidierung

Die Erzieherinnen in der Stichprobe der 103 Kindergartengruppen wurden gebeten, auf einer dreistufigen Skala (1 = nicht wichtig, 3 = sehr wichtig) die KES-Items im Hinblick auf ihre Bedeutsamkeit einzuschätzen. Tabelle 3 enthält auf der Ebene der sieben KES-Subskalen die durchschnittlichen Bedeutsamkeitseinschätzungen der Erzieherinnen, jedoch wieder ohne Item 3 (Ruhe- und Schlafpausen, Subskala Betreuung und Pflege der Kinder).

Tabelle 3: Einschätzungen der Wichtigkeit durch Erzieherinnen; Mittelwerte und Standardabweichungen (3er-Skala)

Skalen	Mittelwert	Standardabweichung
Gesamtwert	2,8	0,2
Betreuung und Pflege der Kinder	2,8	0,2
Möbel und Ausstattung für Kinder	2,8	0,2
Sprachliche und kognitive Anregungen	2,8	0,2
Fein- und grobmotorische Aktivitäten	2,8	0,2
Kreative Aktivitäten	2,7	0,3
Sozialentwicklung	2,8	0,2
Erzieherinnen und Eltern	2,8	0,3

Wie ersichtlich, werden die von der KES angesprochenen Bereiche der pädagogischen Qualität im Kindergarten von den Erzieherinnen durchweg als sehr wichtig angesehen. Die insgesamt niedrigen Standardabweichungen weisen auch auf eine hohe Einheitlichkeit in den Einschätzungen der Items durch die Erzieherinnen hin. Nur zwei Items werden von den Erzieherinnen als mittelmäßig wichtig betrachtet (ohne Tabelle): Item 24 (Sand/Wasser) mit 2,1 und Item 31 (Multikulturelle Erziehung) mit 2,2. Insgesamt aber kann davon ausgegangen werden, daß die Erzieherinnen als Expertinnen in ihrem Feld den in der KES enthaltenen Aspekten eine hohe Wichtigkeit für die pädagogische Qualität einer Kindergartengruppe und damit auch für die eigene Arbeit zusprechen. Zu ähnlich hohen Wichtigkeitseinschätzungen kommen auch Harms und Clifford (1983), die die Items sieben ausgewiesenen Experten des frühkindlichen Bereichs vorgelegt haben.

Faktorielle Validität
Die Einteilung der 37 Items der KES in die Subskalen erfolgt nach inhaltlichen Gesichtspunkten. So sind z.B. alle Items, die sich mit kreativen Aktivitäten befassen, in einer Subskala zusammengefaßt. Dies bedeutet aber nicht zwingend, daß die damit angesprochenen Qualitätsaspekte empirisch kovariieren. Zur Aufklärung der empirischen Struktur der KES wurden verschiedene Faktorenanalysen (Hauptkomponentenanalysen mit anschließender Varimax-Rotation) durchgeführt, in die alle Items mit Ausnahme des Items 3 (Ruhe- und Schlafpausen) eingingen. Nach dem Scree-Test wären Lösungen mit drei oder vier Faktoren sinnvoll; betrachtet wurden alle Lösungen mit zwei bis fünf Faktoren.

In allen Faktorenanalysen erweisen sich die beiden ersten extrahierten Faktoren als sehr stabil und klar interpretierbar, während die weiteren Faktoren je nach Anzahl der extrahierten Faktoren unterschiedlich zu interpretieren sind. Die ersten beiden Faktoren erklären jeweils zusammen rund 40 % der Gesamtvarianz, wobei sie sich diesen Varianzanteil in etwa teilen. Auch in anderen Untersuchungen in Europa und Nordamerika, die Ergebnisse von Faktorenanalysen berichten, zeigen sich stabil diese beiden Faktoren als die jeweils bedeutsamsten Faktoren, während je nach Stichprobe bzw. Land unterschiedliche dritte oder vierte Faktoren identifiziert wurden (vgl. zusammenfassend Roßbach, 1993; Clifford et al., in Vorbereitung; Tietze, Bairrao, Leal & Roßbach, im Druck). Diese beiden Faktoren scheinen auch unabhängig von der gewählten faktorenanalytischen Technik und davon zu sein, ob alle KES-Items oder nur eine Auswahl (z.B. ohne die Items aus dem siebten Bereich Erzieherinnen und Eltern) faktorisiert werden.

In einer weiteren Analyse wurde deshalb aufgrund von vorherigen Faktorenanalysen ein länderübergreifendes Modell mit zwei (korrelierenden) KES-Faktoren entwickelt und - auf der Basis von insgesamt 20 KES-Items[4] - parallel an Datensätzen aus Deutschland, Portugal, Spanien und den USA (n = insgesamt rund 670 Gruppen) mit konfirmatorischen Faktorenanalysen überprüft (vgl. Clifford et al., in Vorbereitung). Hypothetisch wurden zugeordnet:

- zu dem ersten Faktor 11 Items: 1 (Begrüßung und Abschied), 11 (Sprachverstehen), 12 (Sprachliche Ausdrucksfähigkeit), 13 (Kognitive Anregungen), 14 (Allgemeiner Sprachgebrauch), 16 (Beaufsichtigung und Anleitung bei feinmotorischen Aktivitäten), 26 (Tagesablauf), 27 (Beaufsichtigung und Anleitung bei kreativen Aktivitäten), 29 (Freispiel), 30 (Teilgruppenarbeit) und 32 (Atmosphäre)

- zu dem zweiten Faktor 9 Items: 7 (Ausstattung für Lernaktivitäten), 8 (Ausstattung für Entspannung und Behaglichkeit), 9 (Raumgestaltung), 15 (Feinmotorik), 21 (Künstlerisches Gestalten), 23 (Bausteine), 24 (Sand/Wasser), 25 (Rollenspiele) und 28 (Rückzugsmöglichkeiten für Kinder).

Diese hypothetische Faktorenstruktur konnte in allen Datensätzen konfirmiert werden, so daß von zwei stabilen internationalen Qualitätsdimensionen ausgegangen werden kann. Dieses Ergebnis erleichtert Vergleiche zwischen Untersuchungen über Ländergrenzen hinweg. Die beiden Dimensionen können wie folgt interpretiert werden:

- *Dimension 1:* Die erste Qualitätsdimension spricht Aspekte des Interaktionsverhaltens der Erzieherinnen und die Art und Weise an, wie sie direkt die kindliche Entwicklung fördern. Zunächst wird dieser Faktor durch die Items bestimmt, die beschreiben, wie die Erzieherinnen die kindliche Sprach- und Denkentwicklung stimulieren (Items 11, 12, 13, 14). Auch wenn in diesen Items Aspekte des Lern- und Spielmaterials mit thematisiert werden, so liegt der Schwerpunkt doch auf den

---

[4] Es handelt sich hierbei um die 20 Items, die in den oben erwähnten Faktorenanalysen des deutschen Datensatzes stabil die beiden ersten Faktoren markieren.

von den Erzieherinnen initiierten Aktivitäten und Interaktionen. Die Bedeutung des Erzieherinnenverhaltens zeigt sich ebenfalls in den Items, die Beaufsichtigung und Anleitung der verschiedenen kindlichen Aktivitäten durch die Erzieherinnen beschreiben (Items 16, 27). Diese Items beziehen sich nicht nur auf "Beaufsichtigung" im engeren Sinne, sie umfassen vielmehr immer zugleich Hilfestellungen für die Kinder, damit diese den besten Nutzen aus feinmotorischen sowie kreativen Aktivitäten ziehen können. Die Qualität des Interaktionsverhaltens der Erzieherinnen zeigt sich auch daran, wie im Tagesablauf strukturierte und flexibel von Kindern zu verwendende Zeiträume balanciert (Item 26), wie die Begrüßung und die Verabschiedung der Kinder gestaltet (Item 1) und wie das Potential des Freispiels (Item 29) und die Anregungen von wechselnden Sozialformen (Item 30) genutzt werden. Die angesprochenen Interaktionsaspekte hängen plausibel von der allgemeinen Atmosphäre und der Art und Weise ab, in der die Erzieherinnen die Kinder respektieren und sie gruppendynamische Prozesse und Konflikte sorgfältig beobachten (Item 32). Kurzgefaßt kann die erste Qualitätsdimension mit "Pädagogische Interaktionen" bezeichnet werden.

- *Dimension 2:* Die zweite Qualitätsdimension wird bestimmt durch die Items, die Vorhandensein und Nutzung von Raum und Spielmaterialien indizieren. Hierzu gehören das Vorhandensein und die Vielfalt von Materialien für feinmotorische Aktivitäten, Spiele mit Bausteinen und Rollenspiele (Item 15, 23, 25), das Vorhandensein von Materialien für künstlerisches Gestalten, die freie Wahl durch die Kinder und individuelles Gestalten ermöglichen (Item 21), das Vorhandensein von Lernmaterialien (Item 7) und Möglichkeiten für Spiele mit Sand/Wasser (Item 24). Räumlich-materiale Aspekte zeigen sich ebenfalls in dem Vorhandensein von räumlichen Möglichkeiten, damit sich Kinder ungestört von anderen zurückziehen können (Item 28), in dem Vorhandensein von Möglichkeiten zur Entspannung (Item 8) sowie in einer kindbezogenen Raumgestaltung und Ausgestaltung der Gruppenräume, die kindliche Aktivitäten anregen können (Item 9). In Kurzform kann diese Dimension mit "Räumlich-materiale Ressourcen" bezeichnet werden.

Die empirische Strukturierung der KES nach den Ergebnissen von Faktorenanalysen liegt teilweise auf einer anderen Ebene als die Einteilung in die sieben Subskalen. Während die sieben Skalen die verschiedenen Qualitätsaspekte nach inhaltlichen Bereichen zusammenfassen (z.B. alle Item zu kreativen Aktivitäten in einen Bereich oder alle zur Sozialentwicklung in einen anderen Bereich), konzentriert sich die erste Qualitätsdimension "Pädagogische Interaktionen" - quer zur Gliederung nach inhaltlichen Bereichen - auf die Förderung der Kinder durch direkte Interaktionen der Erzieherinnen, während die zweite Dimension "Räumlich-materiale Ressourcen" - ebenfalls quer zu den inhaltlichen Bereichen - die Stimulierung der Kinder durch Vorhandensein und Nutzung der räumlichen und materialen Ressourcen anspricht. Beide Betrachtungsweisen nach inhaltlichen Bereichen wie nach verschiedenen Stimulierungsgesichtspunkten sind wichtig, um die Qualität der Arbeit in einer Kindergartengruppe einzuschätzen und verbessern zu können und werden deshalb für praktische Anwendungen empfohlen.

Es kann nicht erwartet werden, daß die empirisch ermittelten Qualitätsbereiche in der Realität voneinander unabhängig sind. Vielmehr dürfte in der Praxis z.B. eine Erzieherin, die die Kinder besonders gut über direkte Interaktionen fördern kann, in einem bestimmten Ausmaß auch dafür sorgen, daß die räumlich-materiale Ressourcen entsprechend gestaltet sind. Dies zeigt sich, wenn entsprechend den Ergebnissen der konfirmatorischen Faktorenanalyse die additiven Skalen "Pädagogische Interaktionen" und "Räumlich-materiale Ressourcen" gebildet werden. Die entstehenden Skalen haben hohe interne Konsistenzen (Cronbach's ALPHA = .91 und .88; vgl. weiter oben unter Realibilität). Ihre Korrelation beträgt .64 (gemeinsame Varianz von 41 %). Ein höheres Qualitätsniveau in dem einen Bereich tendiert somit dazu, mit einem höheren Qualitätsniveau in dem anderen Bereich einherzugehen. Die beiden Qualitätsdimensionen können als von einem Faktor höherer Ordnung beeinflußt angesehen werden: von der Fähigkeit der Erzieherinnen, sowohl die eigenen Interaktionen mit den Kindern als auch die räumlich-materiale Umwelt so zu gestalten, daß die Entwicklung der Kinder optimal gefördert wird. Dennoch aber determiniert die Qualität in dem einen Bereich nicht jene in dem anderen.

Konstruktvalidierung

Für den vorliegenden Zusammenhang wurden zwei Aspekte der Konstruktvalidität überprüft: zum einem die Beziehungen zu einem direkt auf das Interaktionsverhalten von Erzieherinnen gerichteteten Maß, zum anderen das Verhältnis zwischen Struktur- und Prozeßaspekten der Qualität einer Kindergartengruppe.

Obwohl die KES in einer breiten Form die verschiedenen Qualitätsaspekte der pädagogischen Arbeit in einer Kindergartengruppe einschätzt, werden der besondere "Typus" und die "Färbung" der Interaktionen zwischen Erzieherinnen und Kindern nur zum Teil erfaßt. Aus diesem Grunde wird im folgenden die KES mit einem Verfahren verglichen, das gezielt den Typ und die Art der Interaktionen zwischen Erzieherinnen und Kindern beschreibt. Die CIS (Caregiver Interaction Scale) umfaßt 26 vierstufige Items, die im Anschluß an eine mehrstündige Beobachtungszeit eingeschätzt werden (Arnett, 1989)[5]. Aufgrund von Faktorenanalysen wurden drei Subskalen gebildet: Sensitivität der Erzieherin, Involviertheit/Beteiligung der Erzieherin und Akzeptanz der Kinder durch die Erzieherin. Tabelle 4 enthält die Korrelationen der CIS und KES (jeweils Gesamtwerte und aufgrund von Faktorenanalysen gebildete Subskalen).

Die Korrelationen zwischen der KES und der CIS fallen alle positiv aus und liegen zumeist im mittleren Bereich. Die Struktur der Korrelationen entspricht den theoretischen Erwartungen. Der KES-Gesamtwert hat mit dem CIS-Gesamtwert 40 % Varianz gemeinsam. D.h., es gibt zwar einen deutlichen positiven Zusammenhang zwischen der durch die KES erfaßten allgemeineren pädagogischen Qualität einer Kindergartengruppe und der besonderen Färbung des Erzieherinnenverhaltens, was ihre Sensitivität, ihre Beteiligung an den kindlichen Aktivitäten und ihre Akzeptanz der Kinder betrifft.

---

[5] Ein Beispielitem aus der CIS (Item 3): Erzieherin hört aufmerksam zu, wenn die Kinder ihr etwas erzählen. Die Antwortmöglichkeiten sind: überhaupt nicht, etwas, ziemlich, sehr.

Tabelle 4: Korrelationen zwischen KES und CIS (Gesamtwerte und Subskalen)

KES	CIS			
	Gesamtwert	Sensitivität	Involviertheit	Akzeptanz
Gesamtwert	.63	.65	.35	.53
Pädagogische Interaktionen	.68	.71	.47	.51
Räumlich-materiale Ressourcen	.51	.52	.15	.50

Die Korrelation zwischen der CIS-Subskala Involviertheit und KES-Subskala "Räumlich-materiale Ressourcen" ist nicht signifikant, alle anderen Korrelationen sind hochsignifikant).

Allerdings erfaßt, wie erwartet, die durch die KES indizierte Qualität mehr bzw. andere Aspekte als (nur) solche, die die Art des Erzieherinnenverhaltens beschreiben. Auf der Subskalenebene fällt auf, daß die KES-Dimension "Pädagogische Interaktionen", die sich auf das Interaktionsverhalten der Erzieherinnen bezieht, erwartungsgemäß zum Teil deutlich höhere Korrelationen zum CIS-Gesamtwert und zu den CIS-Subskalen aufweist als die Dimension "Räumlich-materiale Ressourcen".

In Kapitel 2 wurde zwischen Prozeß-, Struktur- und Orientierungsqualität unterschieden. Es wird dabei auf der Basis der vorhandenen Forschungsliteratur (vgl. ausführlicher Tietze et al., 1997) davon ausgegangen, daß die jeweils in einem Kindergarten gegebenen strukturellen Rahmenbedingungen und die Orientierungen der Erzieherinnen die pädagogische Prozeßqualität in einer Gruppe zwar beeinflussen, aber nicht determinieren. Empirisch sind daher moderate positive Korrelationen zwischen Maßen der Strukturqualität und Orientierungsqualität mit solchen der Prozeßqualität zu erwarten.

Um dies zu überprüfen, wurde in einer Regressionsanalyse die Beziehung zwischen dem KES-Gesamtwert einer Kindergartengruppe und einem Set von Struktur- und

Orientierungsvariablen untersucht. Auf der Ebene der Gruppe/Gruppenerzieherin wurden berücksichtigt: allgemeine Schulbildung, Berufserfahrung als Erzieherin, Berufszufriedenheit, verfügbare Vorbereitungszeit in Stunden pro Woche, Erziehungsorientierungen, Entwicklungserwartungen, Erzieherin-Kind-Schlüssel, Altersmischung der Gruppe und vorhandener Platz (m²/Kind); auf der Ebene der Einrichtung bzw.Einrichtungsleiterin: Allgemeine Schulbildung, Berufserfahrung als Leiterin, Berufszufriedenheit, Größe der Einrichtung als Anzahl der betreuten Kinder und die tägliche Öffnungszeit (vgl. ausführlicher Tietze et al., 1997). Dieses Set von Prädiktoren erklärt 40 % der Varianz im KES-Gesamtwert.[6] Wie erwartet, ergibt sich damit ein ausgeprägter positiver Zusammenhang zwischen Struktur- und Orientierungsmerkmalen einerseits und der pädagogischen Prozeßqualität andererseits. Die Höhe des Zusammenhangs weist aber auch darauf hin, daß die von den Erzieherinnen realisierte Prozeßqualität nur zu einem - wenn auch substantiellen - Teil eine Resultante vorgegebener Strukturbedingungen und Orientierungen darstellt.

Die in diesem Abschnitt skizzierten Ergebnisse weisen auf eine gute Konstruktvalidität der KES hin und bestätigen ein in vielen Untersuchungen mit der amerikanischen Originalversion (ECERS) gefundenes Muster (vgl. ausführlicher Roßbach, 1993; Tietze et al., 1997): ECERS-Werte stehen in konsistenten positiven Beziehungen zu anderen Maßen, die sich auf Aspekte des Interaktionsverhaltens von Erzieherinnen bzw. der allgemeineren Prozeßqualität beziehen. Es gibt klare positive, aber moderate Beziehungen zwischen der ECERS und verschiedenen Strukturbedingungen.

Ebenfalls zeigen sich klare Beziehungen zu kindlichen Entwicklungsmaßen, nach denen eine gute kindliche Entwicklung in verschiedenen Entwicklungsbereichen mit einer guten Prozeßqualität gemessen mit der ECERS einhergeht (vgl. auch Helburn, 1995). Dies konnte ebenfalls im Rahmen eines komplexen Modells, das gleichzeitig familiale Hintergrundfaktoren und das häusliche Anregungsniveau umfaßt, in der

diesem Abschnitt zugrundeliegenden deutschen Untersuchung für die KES bestätigt werden. Aufgrund der Komplexität des Modells kann hier jedoch darauf nicht weiter eingegangen werden (vgl. Tietze et al., 1997).

Zusammenfassend kann festgehalten werden, daß die KES in technischer Hinsicht als ein erprobtes und abgesichertes Instrument betrachtet werden kann. Objektivität, Reliabilität und Validität fallen zufriedenstellend aus und sprechen für eine Anwendung der KES sowohl für praktische Zwecke als auch für Forschungsarbeiten.

---

[6] Die Struktur-und Orientierungsmerkmale auf der Ebene der Gruppe/Erzieherin alleine erklären 34 % der Varianz; in einem hierarchischen Ansatz erklären die Merkmale der Einrichtungsebene/Leiterin zusätzlich 6 % der Varianz.

Literaturverzeichnis

Arnett, J. (1989). *Caregivers in Day-Care Centers: Does Training Matter?* Journal of Applied Developmental Psychology, 10, 541-552.

Asendorpf, J. & Wallbott, H.G. (1979). *Maße der Beobachterübereinstimmung: Ein systematischer Vergleich.* Zeitschrift für Sozialpsychologie, 10, 243-252.

Belaguer, I., Mestres, J. & Penn, H. (1992). *Die Frage der Qualität in Kinderbetreuungseinrichtungen* (Diskussionspapier). Brüssel: Kommission der Europäischen Gemeinschaften.

Canadian Child Day Care Federation (1991). *National Statement on Quality Child Care.* Ottawa/Ontario.

Clifford, R.M. et al. (in Vorbereitung). CFA-Papier.

Council for Early Childhood Professional Recognition (1990). *Preschool Caregivers in Center-Based Programs. Child Development Associate System and Competency Standards.* Washington, D.C.: Autor.

Doherty, G. (1991). *Factors Related to Quality in Child Care: A Review of Literature.* Ontario: Queen's Printer for Ontario.

Ehmke-Pfeifer, I. (1996). *Qualität in Kindertagesstätten für drei- bis sechsjährige Kinder: Probleme der empirischen Erfassung.* Unveröff. Diplomarbeit, Freie Universität Berlin.

Fleiss, J.L. (1973). *Statistical Methods for Rates and Proportions.* New York: John Wiley & Sons.

Hagen, A. & Roßbach, H. G. (1987). *Zur Erfassung und Beurteilung der pädagogischen Umwelt im Kindergarten.* In N. Kluge & L. Fried (Hrsg.), Spielen und Lernen mit jungen Kindern (S. 203-222). Frankfurt: Peter Lang.

Harms, T. & Clifford, R.M. (1980). *Early Childhood Environment Rating Scale.* New York: Teachers College Press.

Harms, T. & Clifford, R.M. (1983). *Assessing Preschool Environments with the Early Childhood Environment Rating Scale.* Studies in Educational Evaluation, *8*, 261-269.

Harms, T. & Clifford, R.M. (1986). *Rationale Underlying the ECERS.* Unveröffentlichtes Manuskript, Frank Porter Graham Child Development Center, University of North Carolina at Chapel Hill, N.C.

Harms, T. & Clifford, R. (1993). *Studying Educational Settings.* In: B. Spodek (Hrsg.). Handbook of Research on the Education auf Young Children, S. 477-492. New York/Toronto: Macmillan.

Helburn, S.W. (Ed.). (1995). *Cost, Quality, and Child Outcomes in Child Care Centers, Technical Report.* Denver: University of Colorado, Department of Economics, Center for Research in Economic and Social Policy.

Katz, L. (1996). *Qualität der Früherziehung in Betreuungseinrichtungen: Fünf Perspektiven.* In: Tietze, W. (Hrsg.), Früherziehung. Trends, internationale Forschungsergebnisse, Praxisorientierungen, S. 226-239. Neuwied: Luchterhand.

Moss, P. & Pence, A. (Hrsg.) (1994). *Valuing Quality in Early Childhood Services. New approaches to defining quality.* London: Paul Chapman.

Moss, P. (1994). *Defining Quality: Values, Stakeholders and Processes.* In: Moss, P. & Pence, A. (s.o.)

National Association for the Education of Young Children. (1991). *Accreditation Criteria & Procedures of the National Academy of Early Childhood Programs. Revised Edition.* Washington, D.C.: Autor.

Roßbach, H. G. (1993). *Analyse von Meßinstrumenten zur Erfassung von Qualitätsmerkmalen frühkindlicher Betreuungs- und Erziehungsumwelten.* Münster: Institut für sozialwissenschaftliche Forschung e.V.

Tietze, W. (1994). *Sparen hat Grenzen: Wie gut sind unsere Kindergärten?* Welt des Kindes, 72, 6, S. 27-31.

Tietze, W., Cryer, D., Bairrao, J., Palacios, J. & Wetzel, G. (1996). *Comparisons of Observed Process Quality in Early Child Care and Education Programs in five Countries.* Early Childhood Research Quarterly 11, S. 447-475.

Tietze, W., Meischner, T., Gänsfuß, R., Grenner, K., Schuster, K.-M., Völkel, P., Roßbach, H.-G. (1997). *Wie gut sind unsere Kindergärten? Untersuchungen zur pädagogischen Qualität in Kindertagesstätten.* Luchterhand: Neuwied.

Tietze, W., Bairrao, J., Leal, T.B. & Roßbach, H.G. (im Druck). *Assessing Quality Characteristics of Center-Based Early Childhood Environments in Germany and Portugal. A Cross-national Study.* European Journal of Educational Psychology.

KES-BEWERTUNGSBOGEN

Einrichtung: .... Datum: ....

Gruppe: .... Beginn der Beobachtung: ....

Beobachter: .... Ende der Beobachtung: ....

Itembewertung	Anmerkungen
1. Begrüßung und Verabschiedung 1 2 3 4 5 6 7	
2. Mahlzeiten und Zwischenmahlzeiten 1 2 3 4 5 6 7	
3. Ruhe-und Schlafpausen 1 2 3 4 5 6 7	
4. Toiletten 1 2 3 4 5 6 7	
5. Körperpflege 1 2 3 4 5 6 7	
6. Ausstattung für regelmäßige Pflege und Versorgung 1 2 3 4 5 6 7	
7. Ausstattung für Lernaktivitäten 1 2 3 4 5 6 7	

8.	Ausstattung für Entspannung und Behaglichkeit 1 2 3 4 5 6 7	
9.	Raumgestaltung 1 2 3 4 5 6 7	
10.	Kindbezogene Ausgestaltung 1 2 3 4 5 6 7	
11.	Sprachverstehen 1 2 3 4 5 6 7	
12.	Sprachliche Ausdrucksfähigkeit 1 2 3 4 5 6 7	
13.	Kognitive Anregungen 1 2 3 4 5 6 7	
14.	Allgemeiner Sprachgebrauch 1 2 3 4 5 6 7	
15.	Feinmotorik 1 2 3 4 5 6 7	
16.	Beaufsichtigung und Anleitung bei feinmotorischen Aktivitäten 1 2 3 4 5 6 7	
17.	Platz für Grobmotorik 1 2 3 4 5 6 7	

18. Ausstattung für Grobmotorik 1 2 3 4 5 6 7	
19. Vorgesehene Zeit für Grobmotorik 1 2 3 4 5 6 7	
20. Beaufsichtigung und Anleitung bei grobmotorischen Aktivitäten 1 2 3 4 5 6 7	
21. Künstlerisches Gestalten 1 2 3 4 5 6 7	
22. Musik/Bewegung 1 2 3 4 5 6 7	
23. Bausteine 1 2 3 4 5 6 7	
24. Sand/Wasser 1 2 3 4 5 6 7	
25. Rollenspiele 1 2 3 4 5 6 7	
26. Tagesablauf 1 2 3 4 5 6 7	
27. Beaufsichtigung und Anleitung bei kreativen Aktivitäten 1 2 3 4 5 6 7	

28. Rückzugsmöglichkeiten für Kinder 1 2 3 4 5 6 7	
29. Freispiel 1 2 3 4 5 6 7	
30. Teilgruppenarbeit 1 2 3 4 5 6 7	
31. Multikulturelle Erziehung 1 2 3 4 5 6 7	
32. Atmosphäre 1 2 3 4 5 6 7	
33. Vorkehrungen für Kinder mit besonderen Bedürfnissen 1 2 3 4 5 6 7	
34. Räumlichkeiten speziell für Erzieherinnen 1 2 3 4 5 6 7	
35. Fortbildungsmöglichkeiten 1 2 3 4 5 6 7	
36. Treffmöglichkeiten für Erwachsene 1 2 3 4 5 6 7	
37. Elternarbeit 1 2 3 4 5 6 7	

KES-Auswertungsblatt

I. Betreuung und Pflege der Kinder   Wert
1. Begrüßung und Verabschiedung   i
2. Mahlzeiten und Zwischenmahlzeiten   ....
3. Ruhe- und Schlafpausen   ....
4. Toiletten   ....
5. Körperpflege   ....

      Summe____
      Mittelwert (Summe/5)____

II. Möbel und Ausstattung für Kinder
6. Ausstattung für regelmäßige Pflege und
    Versorgung   ....
7. Ausstattung für Lernaktivitäten   .... r
8. Ausstattung für Entspannung und
    Behaglichkeit   .... r
9. Raumgestaltung   .... r
10. Kindbezogene Ausstattung   ....

      Summe____
      Mittelwert (Summe/5)____

III. Sprachliche und kognitive Anregungen
11. Sprachverstehen   i
12. Sprachliche Ausdrucksfähigkeit   i
13. Kognitive Anregungen   i
14. Allgemeiner Sprachgebrauch   i

      Summe____
      Mittelwert (Summe/4)____

IV. Fein- und grobmotorische Aktivitäten
15. Feinmotorik   .... r
16. Beaufsichtigung und Anleitung bei
    feinmotorischen Aktivitäten   i
17. Platz für Grobmotorik   ....
18. Ausstattung für Grobmotorik   ....
19. Vorgesehene Zeit für Grobmotorik   ....
20. Beaufsichtigung und Anleitung bei
    grobmotorischen Aktivitäten   ....

      Summe ____
      Mittelwert (Summe/6)____

V. Kreative Aktivitäten
21. Künstlerisches Gestalten   .... r
22. Musik/Bewegung   ....
23. Bausteine   .... r
24. Sand/Wasser   .... r
25. Rollenspiele   .... r
26. Tagesablauf   i
27. Beaufsichtigung und Anleitung bei
    kreativen Aktivitäten   i

      Summe____
      Mittelwert (Summe/7)____

VI. Sozialentwicklung
28. Rückzugsmöglichkeiten für Kinder   .... r
29. Freispiel   i
30. Teilgruppenarbeit   i

31. Multikulturelle Erziehung   ....
32. Atmosphäre   i
33. Vorkehrungen für Kinder mit
    besonderen Bedürfnissen   ....

      Summe____
      Mittelwert (Summe/6)____

VII. Erzieherinnen und Eltern
34. Räumlichkeiten speziell für
    Erzieherinnen   ....
35. Fortbildungsmöglichkeiten   ....
36. Treffmöglichkeiten für Erwachsene ....
37. Elternarbeit   ....

      Summe____
      Mittelwert (Summe/4)____

_____

KES-Gesamt

      Summe____
      Mittelwert (Summe/37)____

Pädagogische Interaktionen

      Summe (Items i)____
      Mittelwert (Summe/11)____

Räumlich-materiale Ressourcen

      Summe (Items **r**)____
      Mittelwert (Summe/9)____

KES-Profil

Einrichtung:...
Gruppe:..
Beobachter:...

Datum 1. Einschätzung:................
Datum 2. Einschätzung:................

Dimensionen | Itembewertung | Items

I. Betreuung und Pflege der Kinder

1. Begrüßung und Verabschiedung
2. Mahlzeiten und Zwischenmahlzeiten
3. Ruhe- und Schlafpausen
4. Toiletten
5. Körperpflege

II. Möbel und Ausstattung für Kinder

6. Ausstattung für Pflege/Versorgung
7. Ausstattung für Lernaktivitäten
8. Entspannung und Behaglichkeit
9. Raumgestaltung
10. Kindbezogene Ausstattung

III. Sprachliche und kognitive Anregungen

11. Sprachverstehen
12. Sprachliche Ausdrucksfähigkeit
13. Kognitive Anregungen
14. Allgemeiner Sprachgebrauch

IV. Fein- und grobmotorische Aktivitäten

15. Feinmotorik
16. Beaufsichtigung/Anleitung (Feinmotorik)
17. Platz für Grobmotorik
18. Ausstattung für Grobmotorik
19. Vorgesehene Zeit für Grobmotorik
20. Beaufsichtigung/Anleitung (Grobmotorik)

V. Kreative Aktivitäten

21. Künstlerisches Gestalten
22. Musik/Bewegung
23. Bausteine
24. Sand/Wasser
25. Rollenspiele
26. Tagesablauf
27. Beaufsichtigung/Anleitung (Kreativität)

VI. Sozialentwicklung

28. Rückzugsmöglichkeiten für Kinder
29. Freispiel
30. Teilgruppenarbeit
31. Multikulturelle Erziehung
32. Atmosphäre
33. Kinder mit besonderen Bedürfnissen

VII. Erzieherinnen und Eltern

34. Räumlichkeiten speziell für Erzieherinnen
35. Fortbildungsmöglichkeiten
36. Treffmöglichkeiten für Erwachsene
37. Elternarbeit

Itembewertung scale: 1 2 3 4 5 6 7

Nachweise über Trainingskurse zur Anwendung der KES erhalten Sie über folgende Adresse:

Absender:

Name:
Institution:
Adresse:
Tel.:
Fax:

Betreff: KES-Training

Freie Universität Berlin

- Kleinkindpädagogik -

Takustraße 4

14195 Berlin